Die schönsten Weihnachtslieder

Die schönsten Weihnachtslieder

Mit vollständigen Texten und Noten zum Singen und Musizieren

Herausgegeben von Walter Hansen

Bassermann

ISBN 3 8094 1657 6

Redaktion: Wolfgang Bruns
Redaktion für diese Ausgabe: Herta Winkler
Harmoniesymbole: Georg Schwenk
Herstellung für diese Ausgabe: Elke Cramer

Notengrafik und Composersatz: Rainer Knierim, Leinfelden-Echterdingen
Druck: GGP Media, Pößneck

048/0059391X817 2635 4453 6271

Inhalt

Vorwort

„Stille Nacht, heilige Nacht“, „O du fröhliche“, „Es ist ein Ros’entsprungen“, „O Tannenbaum“, „Ihr Kinderlein kommet“: Diese fünf Weihnachtslieder gehören – das hat eine Untersuchung ergeben – zu den beliebtesten und am meisten gesungenen deutschen Liedern überhaupt, einschließlich aller Volkslieder, Schlager, Gassenhauer und Chansons.
Erstaunlich ist, daß keines dieser heute so beliebten Weihnachtslieder aus dem letzten Jahrhundert stammt. Das jüngste von ihnen – „O Tannenbaum“ – entstand in seiner uns vertrauten Form um 1824, vor 180 Jahren. Ein imposanter Zeitraum – und doch kein Alter für ein deutsches Weihnachtslied, denn das erste ist über tausend Jahre alt.
Dieses Buch soll eine Vorstellung davon vermitteln, was an deutschen Weihnachtsliedern in tausend Jahren gedichtet und komponiert wurde. Die meisten sind populär geblieben, beliebt, Volksgut im besten Sinne. Texte und Melodien, wohlbekannt und vertraut, haben sich über die Jahrhunderte hinweg erhalten.
Es gibt aber auch einige Weihnachtslieder, die, obwohl sie schön und klangvoll sind, nicht mehr überliefert wurden. Heute gelten sie als „gefährdetes Volksgut“, das gänzlich unterzugehen droht. Höchste Zeit, sich ihrer zu besinnen.
Deshalb enthält dieses Buch neben so gut wie allen bekannten Weihnachtsliedern auch vergessene Kostbarkeiten: Text und Notation des ersten Tannenbaumliedes aus dem Jahre 1550 zum Beispiel; oder die kuriose, derb-bäuerliche Textvariante zur Melodie des frommen Liedes „Es ist ein Ros’entsprungen“, oder das älteste deutsche Weihnachtslied, das im Evangeliar des als Kind gekrönten Königs und späteren Kaisers Otto III. (983 – 1002) aufgezeichnet war.
Auch diese unbekannten Lieder sollen wieder gesungen werden. w.h.

Täublein weiß

2. „Gegrüßet seist als Königin,
Der Herr der ist mit dir!
Du wirst ein Kindlein gebären:
Das sollst du glauben mir."
Sie antwort ihm, dem himmlischen Bot:
„Ich hab mein Keusch versprochen
Dem allmächtigen Gott."
Kyrie eleison.

3. „Hast du dein Keusch versprochen
Dem allmächtigen Gott,
So wird er zu dir kommen
Wohl durch das göttlich Wort.
Er kommt zu dir gar ohne argen List,
Ein Jungfrau wirst du bleiben
Immer und ewiglich."
Kyrie eleison.

4. „Gscheh mir nach deinem Willen
Und nach dem Willen Gotts,
So gib ich meinen Willen,
Weil ich gebären soll."
Sie schloß wohl auf ihrs Herzens Fensterlein:
Wohl zu derselben Stunde
Der heilig Geist ging ein.
Kyrie eleison.

Der Originaltitel dieses Liedes, das sich in Beuttners Gesangbuch 1602 und in Corners Gesangbuch 1631 findet, lautet: „Ein ander alt Advent Gesang vom Englischen Gruß und Menschwerdung Christi, genannt Täublein weiß"

Maria Verkündigung

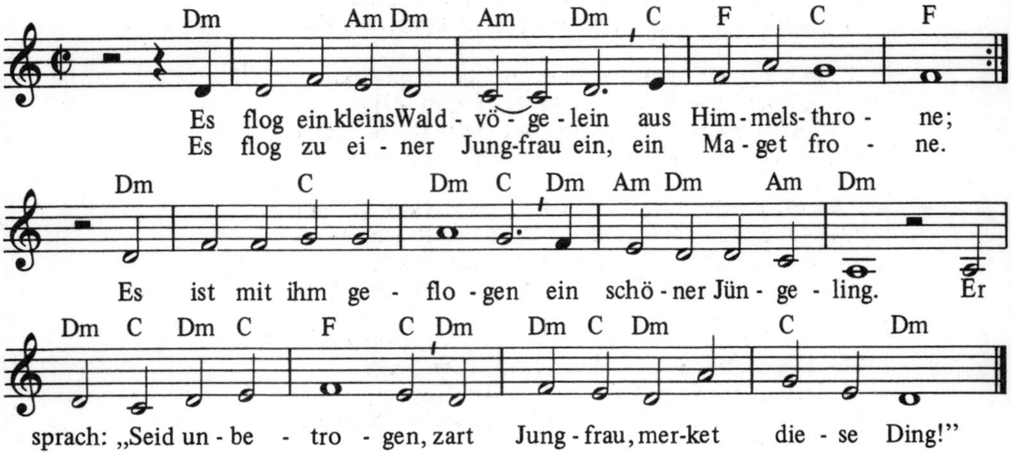

2. Er tät die Jungfrau grüßen mit schönen Worten,
Er sprach: „Ave, du süße, des Himmels Porten!
Du wirst aufgeschlossen, deß' freut sich arm und reich,
Die Welt hat lang verdrossen: man möcht nit finden dein geleich.

3. Ave, gratia plena, du voller Gnaden-Schrein!
Du wirst den Zorn versöhne, gebärn ein Kindelein." –
„Soll ich dann werden ein Weibe? " Die edel Jungfrau sprach.
Nein, du sollst Jungfrau bleiben, wann du gebärst, vor und nach.

4. Dominus, Gott der Herre, will bei dir wohnen sein;
Die Welt freut sich dein sehre, du Gott'sgebärerin!
Du bist gebenedeiet schone hoch über alle Weib:
Bitt uns dein lieben Sohne, daß sein Genad bei uns beleib!"

5. Da sprach die Jungfrau reine aus ihres Herzen Gier:
„Gehorsam will ich seine, sein Will gescheh an mir!
Was er von mir begehrte, Gott der Schöpfer mein,
Des soll er sein gewährte, sein Dienerin will ich allweg sein."

6. „So will ich über die Straße!" sprach sich der Jüngling fein;
„Den Geist will ich hie lassen bei dir, du Jungfrau rein!" –
Sie satzt sich zu ihm nieder und schloß ihn in ihr Schoß,
Beschneid ihm sein Gefieder: ihr beider Freud, ja die was groß.

7. Er sprach: „An dieser Linde do will ich singen,
Mir liebt die Kaiserinne in allen Dingen."
Er sang mit sieben Zungen gar lieblich concordanz:
Das merken alt und junge: wer das hie lernt, sein Freud wird ganz.

8. Do klang aus seinem Munde göttlich Demütigkeit,
Des tät der Engel kunde Maria, der reinen Maid:
Göttlich Vernunft klang leise, der könn' wir nit entbehrn,
Fürsichtigkeit so weise söllen wir alle Christen lehrn.

9. Gotts Weisheit tät erklingen, das was die vierte Stimm.
Was tät die fünft herbringen? Göttliche Kunst vernimm!
Göttlicher Rat erhalte da bei der reinen Maid;
Sie löst uns Sünder alle, sie ist ein Trost der Christenheit.

10. Die siebente Concordanze, das ist dir göttlich Furcht,
Die da tät der Geist pflanzen. Maria eben horcht,
Sie lernt mit hohem Rate das lobelich Gesang;
Wer diese Gab nit habe, der tät gar manchen Narrengang.

11. Was wir hie Sünd beginnen, das söll wir beichten schon;
Wir müssen all von hinnen, do ist kein Zweifel an;
Darum so beicht von Herzen, halt fleißiglich dein Buß!
Es ist ein herter Schmerzen, der sich von Gott dort scheiden muß.

12. Maria, edle Jungfrau schon, schenk dir das Liedelein.
Bitt dich, du wöllest nit verlan uns Sünder und Sünderlein!
Wöllst um dein Kind erwerben, behüt uns vor aller Pein,
Daß wir nit ewig sterben und bei dir in dem Himmel sein!

Text aus Valentin Holl's Liederhandschrift, Augsburg 1524. Melodie auf einem in der Würzburger Universitätsbibliothek archivierten Notenblatt aus dem Anfang des 16. Jahrhunderts. Bemerkenswert ist, daß dieser vermutlich von einem Mönch niedergeschriebene Text eines weihnachtlichen Kirchenliedes in der „Nibelungenstrophe" abgefaßt ist, also in der Hauptversart der mittelalterlichen Heldenepen.

Ave Maria

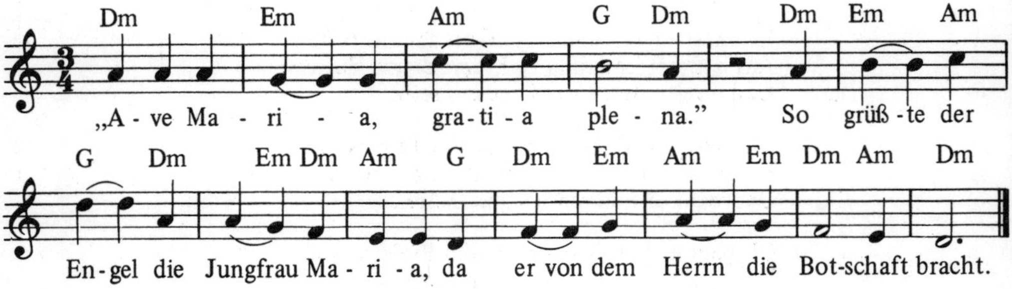

2. „ Maria, du sollst einen Sohn empfangen,
Nach dem trägt Himmel und Erde Verlangen,
Daß du eine Mutter des Herrn sollst sein."

3. „O Engel, wie sollte das geschehen können?
Mein Herz mochte nie einen Mann erkennen
In dieser weiten und breiten Welt."

4.„ Der heilige Geist soll über dich kommen,
Gleichwie der Tau fließt über die Blumen:
Also will Gott geboren sein."

5. Maria, sie hörte die Botschaft gern;
„Sieh," sprach sie, „ich bin eine Magd des Herrn,
Nach deinen Worten geschehe mir!"

6. Die Engel fielen auf ihre Knie,
Sie sangen laut: Sancte! Sancte!
Den Lobgesang mit Maria.

7. Die Engel flogen nur höher und höher:
„Seid uns willkommen, ihr himmlischen Chöre,
Hat euch Maria empfangen wohl? "

8.„Maria hat uns gar wohl empfangen,
Nach ihr trägt Himmel und Erde Verlangen,
Sie ist eine auserkorne Braut."

9. Maria, du magst wohl fröhlich genesen,
Da du von Gott bist auserlesen
Eine Mutter des Allerhöchsten zu sein.

10. Maria, nun wollest du Gott für uns bitten,
Auf daß wir kommen zu himmlischen Hütten
Und mögen mit dir in Freuden sein.

11. Der Herr wird solches uns nicht versagen,
Er wird erhören unser Weinen und Klagen
Und wird uns führen ins Himmelreich.

12. Nun wollen wir danken mit Preisen und Loben
Dem Herrn im Himmel hoch dort oben,
Dieweil er uns erlöset hat.

Dieser von Karl Simrock ins Deutsch unserer Zeit übertragene und ergänzte Text stammt aus mehreren Liederbüchern des 17. Jahrhunderts.

Der Traum

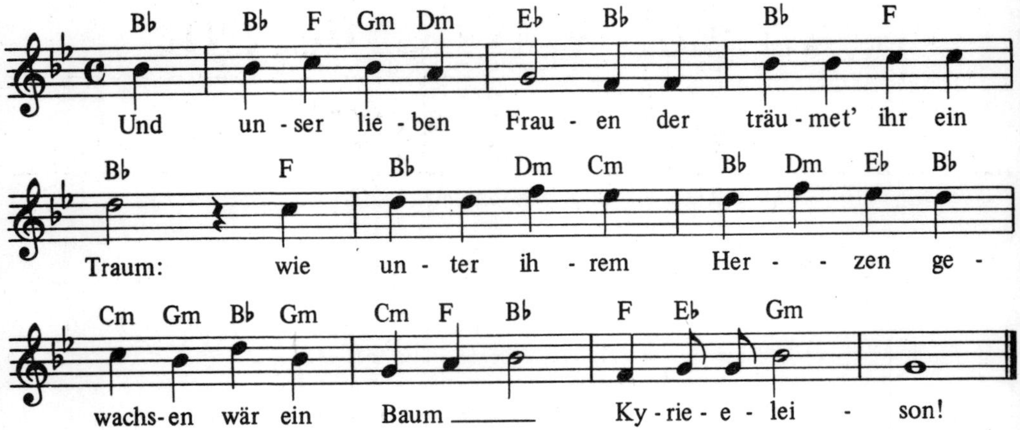

2. Und wie der Baum ein'n Schatten gab
Wohl über alle Land:
Herr Jesus Christ der Heiland,
Also ist er genannt.
Kyrie eleison!

3. Herr Jesus Christ der Heiland
Ist unser Heil und Trost,
Mit seiner bittern Marter
Hat er uns all erlöst.
Kyrie eleison!

4. Und unser liebe Fraue
Die trug ein Kindelein
Davon wolln wir so singen
Und wollen fröhlich sein,
Kyrie eleison!

Aus Beuttners Gesangbuch.

Wie das Christkind im Stall von Bethlehem geboren wurde

Wo werden wir heut kehren ein?

2. „O Jungfrau rein,
Nach deim Begehren kann's nicht sein.
Zu spat seind wir ankommen,
Die Herberg seind eing'nommen
|: In Bethlehem. :|"

3. „O Joseph mein,
Wo werden wir heut kehren ein?
Bleibn wir auf offner Gassen,
So friert uns über die Maßen,
|: O Joseph mein! :|"

4. „O Jungfrau rein,
Die Not muß eine Tugend sein.
Ein Stall ist überblieben,
Da sein wir unvertrieben,
|: O Jungfrau rein! :|"

5. „O Joseph mein,
Wie kann die Welt so untreu sein,
Mich schwanger auszuschließen,
Daß wir im Stall sein müssen,
|: O Joseph mein! :|"

Gesungener Dialog zwischen Maria und Joseph aus den „Röhrnbacher Krippenspiel," das von August Hartmann und Hyazinth Abele um 1890 im Bayerischen Wald endeckt wurde.

Wer klopfet an?

2. Wer vor der Tür?
„Ein Weib mit ihrem Mann."
Was wollt denn ihr?
„Hört unser Bitten an!
Lasset heut bei Euch uns wohnen!
Gott wird Euch schon Alles lohnen."
Was zahlt ihr mir?
„Kein Geld besitzen wir."
Dann geht von hier!
„O öffnet uns die Tür!"
Ei macht mir kein Ungestüm!
Da packt euch, geht wo anders hin!

3. Wer da noch heut?
„O Lieber, komm heraus!"
Seid Bettelleut?
„O öffnet uns das Haus!
Freund, ach habt mit uns Erbarmen,
Einen Winkel gönnt uns Armen!"
Da ist nichts leer.
„So weit gehn wir heut her!"
Ich kann nicht mehr.
„O lieber Gott und Herr!"
Ei, die Bettelsprach führt ihr?
Ich kenn sie schon. Geht nur von mir!

4. Was weinet ihr?
„Vor Kält erstarren wir."
Wer kann dafür?
„O gebt uns doch Quartier!
Überall sind wir verstoßen,
Jedes Thor ist uns geschlossen!"
So bleibt halt drauß!
„O öffnet uns das Haus!"
Da wird nichts draus.
„Zeigt uns ein andres Haus!"
Dort geht hin zur nächsten Thür!
Ich hab nicht Platz. Geht nur von hier!

5. Ihr kommt zu spät.
„So heißt es überall!"
Da geht nur, geht!
„O Freund, nur heut einmal!
Morgen wird der Heiland kommen;
Dieser liebt und lohnt die Frommen."
Liegt mir nichts dran.
„Seht unser Elend an!"
Geht mich nichts an.
„Habt Mitleid, lieber Mann!"
Schweigt nur gleich, laßt mich mit Ruh!
Da geht! ich schließ die Türe zu.

6. Da geht nur fort!
„O Freund, wohin? wo aus? "
Ein Viehstall dort!
„Geh, Joseph, nur hinaus!
O mein Kind, nach Gottes Willen
Mußt du schon die Armut fühlen!"
Jetzt packt euch fort!
„O, dies sind harte Wort!"
Zum Viehstall dort!
„O wohl ein schlechter Ort!"
Ei, der Ort ist gut für euch;
Ihr braucht nicht viel. Da geht nur gleich!

Der Wechselgesang zwischen dem heiligen Paar (in Anführungszeichen) und den hartherzigen Herbergswirten (ohne Anführungszeichen) wurde im vorigen Jahrhundert in den Kirchen Oberbayerns, Salzburgs und Tirols oft gesungen. Heute ist es nur noch gelegentlich bei Krippenspielen zu hören.

In bloßem Stall, in kalter Nacht

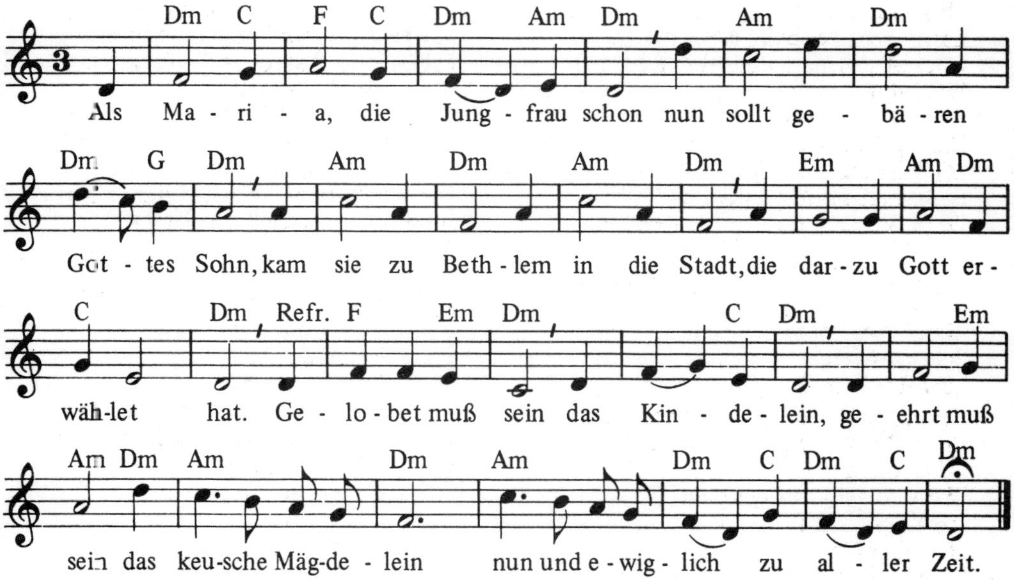

2. Sie kamen an eines Wirtes Tür,
Da war kein Platz, sie blieb darfür
Und ging heraus in eine Scheur,
Die Herberg war der Jungfrau teur.
Gelobet muß sein...

3. O Bethlehem, o wann du wüß't
Wie diese Jungfrau schwanger ist
Vom heilgen Geist und gnadenvoll!
Ein jeder Mensch ihr dienen soll.
Gelobet muß sein...

4. Jesum gebar sie in dem Stall,
Sie hatt' keinen Platz im schönen Saal.
Sie band das Kind in Tüchlein rein
Und legt es in das Krippelein.
Gelobet muß sein...

5. Kommt her, seht zu, ihr reiche Leut,
Wie Jesus wird geboren heut
In bloßem Stall, in kalter Nacht:
Sollt ihr schlafen, wenn Jesus wacht?
Gelobet muß sein...

6. Viel warmer Kleider brauchet ihr,
Darzu Camein und helles Feur:
In Schnee und Frost eur König leit,
Sein Herz bezwingt die kalte Zeit.
Gelobet muß sein...

7. Rüst zu eur Herz und Seelen rein
Dem allerliebsten Jesulein;
Der Liebe Feur ihm zündet an
Und laßt ihn nimmer von euch gahn.
Gelobet muß sein...

Aus dem Andernacher Gesangbüchlein, Köln 1608.

Das älteste deutsche Weihnachtslied

Worterklärung: Heirre und here = Herr.
Kirst = Christ
Das ist die Originalnotation des ältesten deutschen Weihnachtsliedes, leider nur teilweise erhalten als sogenanntes „Aachener Fragment," das der Domchor - Dirigent Böckeler in einem Evangeliar des als Kind bereits gekrönten Königs und späteren Kaisers Otto III im Münsterschatz zu Aachen gefunden hat. Die Niederschrift stammt demnach aus Ottos Regierungszeit zwischen 983 und 1002. Verläßliche Rückschlüsse auf die Melodie und auf den restlichen, nicht erhaltenen Text des „Aachener Fragments" läßt ein ganz ähnliches Lied zu, das von Volksliedforschern in der Erfurter Hand - schrift entdeckt wurde. Es dürfte aus dem Jahre 1394 stammen. Der Text ist dem Deutsch unserer Zeit angepaßt:

Ein Kind geborn zu Bethlehem

2. Hier liegt es in dem Krippelein
Ohn End so ist die Herrschaft sein.
|: Ach Gott mein Lieb :|
Du reineste Mutter! ach Gott mein Lieb!

3. Das Öchslein und das Eselein
Erkennet Gott den Herren sein.
|: Ach Gott mein Lieb :|
Du reineste Mutter! ach Gott mein Lieb!

Aus dem „Röhrnbacher Krippenspiel." Der Text geht auf ein berühmtes halblateinisches Mischlied zurück, das sich in mehreren Liederbüchern des 14. und 15. Jahrhunderts findet: *(Siehe nächste Seite)*

Puer natus in Bethlehem

In verschiedenen kirchlichen Liederbüchern des 17. Jahrhunderts werden folgende deutsche Strophen dazu angeboten:

2. Sein Mutter ist ein Jungfrau rein,
Die ohn Mann geborn ein Kindelein.

3. Sie nahm ihr Kindlein auf ihren Schoß,
Viel süßer Tränen sie vergoß.

4. "Joseph, bring mir ein Büschelein Heu,
Damit ich mei'm Kindlein ein Bettlein streu."

5. Maria wickelt ihr Kindlein ein
Und legt es in das Krippelein.

6. Das Kindlein schauet sein Mütterlein an,
Wie auch Joseph, den gottesfürchtigen Mann.

7. Joseph all da mit Verwunderung stund,
Vor Freuden, vor Lieb er nicht reden kunnt.

8. Sein Herz legt er in das Krippelein:
"Nimms hin," sprach er, „mein liebs Söhnelein!"

9. O Bethlehem, wie bist du so hart,
Daß du nicht aufnimmst dies Kindelein zart.

10. Sieh, was Maria, sein' Mutter tut:
Fällt nieder vor dem unendlichen Gut.

11. Sie betet es an demütiglich
Und küsset sein liebliches Angesicht.

12. Maria, bitt für uns dein Kind,
Damit es uns vergeb die Sünd.

Uns kommt ein Schiff gefahren

2. Das Schiff kommt uns geladen,
Gott Vater hats gesandt.
Es bringt uns großen Staden:
Jesum, unsern Heiland.

3. Das Schiff kommt uns geflossen,
Das Schifflein geht am Land,
Hat Himmel aufgeschlossen,
Den Sohn herausgesandt.

4. Maria hat geboren
Aus ihrem Fleisch und Blut
Das Kindlein auserkoren,
Wahr Mensch und wahren Gott.

5. Es liegt hier in der Wiegen,
Das liebe Kindelein,
Sein Gsicht leucht wie ein Spiegel,
Gelobet mußt du sein!

6. Maria, Gottes Mutter,
Gelobet mußt du sein!
Jesus ist unser Bruder,
Das liebste Jesulein.

7. Möcht ich das Kindlein küssen
An sein lieblichen Mund,
Und wär ich krank, für g'wisse
Ich würd davon gesund!

Worterklärung: Staden (niederländisch) = wertvoller Schatz.
Dieses Lied von Christi Geburt war früher in den Gegenden sehr populär, wo Binnenschiffahrt und Flösserei eine Rolle spielten. Heute ist es so gut wie unbekannt. Text und Melodie aus dem Andernacher Gesangbüchlein 1608. Der erste Text dieses Liedes stammt aus der Handschrift des Jungfrauen - Klosters zu Inzkofen und dürfte zwischen 1470 - 1480 geschrieben worden sein.

Joseph, lieber Joseph mein

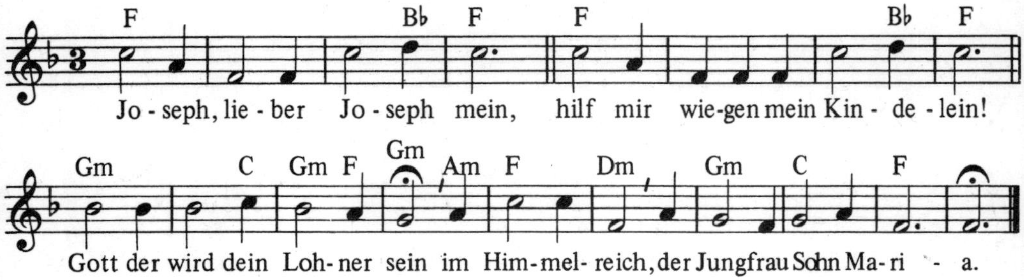

2. Gerne, liebe Maria mein
Hilf ich dir wiegen dein Kindelein
Daß Gott möchte mein Lohner sein
Im Himmelreich.
Der Maide Kind Maria.

Der dem Deutsch unserer Zeit leicht angepaßte Text stammt aus dem Anfang des 15. Jahrhunderts und findet sich – zusammen mit der Notation – auf einem handgeschriebenen Pergament, das in der Leipziger Universitäts - Bibliothek aufbewahrt ist.

Auf dem Berge, da gehet der Wind

Aus: „Des Knaben Wunderhorn." Ursprung vermutlich in Schlesien.

Jesulein, schöns Kindelein

2. Jesulein, schöns Kindelein,
Soll dich dann nicht frieren?
Liegst im kalten Krippelein
Zwischen wilden Tieren,
Zwischen Ochs und Eselein
In dem kalten Krippelein.

3. Nachtigall, komm auch herbei,
Laß dein Stimm erschallen!
Singe diesem Kindelein
Eines zu Gefallen!
Setz dich auf sein Krippelein!
Joseph, der soll's wiegen ein.

4. Joseph, liebster Joseph mein!
'S Kindlein will nicht schlafen.
Es friert's in seine Füßelein,
Die Äuglein hat es offen.
In dem kalten Krippelein,
Ach du armes Jesulein!

Beliebtes Weihnachtslied unbekannter Herkunft, das vielfach bei Krippen-spielen gesungen wird.

Wie die Hirten zur Krippe eilten, um den Heiland zu ehren

O Freude über Freude

2. Er sagte: „Freut euch alle!
Der Heiland ist gebor'n
Zu Bethlehem im Stalle,
Das hat er sich erkor'n.
Die Krippe ist sein Bette;
Geht hin nach Bethlehem!"
Und wie er also red'te,
Da flog er wieder heim.

3. Ich dacht', du mußt nicht säumen,
Ich ließ die Schäflein stehn:
Ich lief dort hinter den Zäunen
Bis zu dem Stalle hin.
Da ward ich schier geblendet
Von einem lichten Strahl,
Der hatte gar kein Ende
Und wies mich in den Stall.

4. Ich schlich mich auf die Seite,
Ich guckt' ein wenig 'nein,
Da sah ich ein paar Leute
Und auch ein Kindelein.
Es hatt' kein warmes Bette
Und lag auf hartem Stroh
Und war doch also nette,
Kein Maler träf' es so.

Aus Schlesien, etwa um 1680. Im Originaltext beginnt das Lied, der schlesischen Mundart entsprechend „O Freda über Freda."

Laufet, ihr Hirten

2. Ein Kindlein ist gesehn wie ein Engel so schön,
Dabei auch ein alter Vater tut stehn;
Eine Jungfrau schön zart nach englischer Art:
Es hat mich erbarmet ganz inniglich hart.

3. Wenn ich nur hätte mein Häuslein dahier,
Das dorten im Tale alleine tut stehn,
Wie wär ich so froh, blieb alleweil' do,
Ein Essen wollt kochen und warten schon auf.

4. Was kann ich dem Kindlein verehren zur Gab?
Ein Lämmlein und alles was ich nur hab',
Ein Windlein dazu, gilts auch schon mein Boi,
Damit man das Kindlein kann decken fein zu.

5. Mein Nachbar, lauf hurtig, brings Wieglein daher!
Wills Kindlein rein legen, es zittert so sehr.
Hei, hei, popei! Liebes Kindel schlaf ein!
Im Krippel zarts Jesulein, hei, hei, popei!

Im ganzen süddeutschen Sprachraum verbreitet. Ursprung vermutlich im 14. Jahrhundert. Erstmals von Volkslied - sammlern in Schlesien entdeckt.

Kommet, ihr Hirten

2. Lasset uns sehen in Bethlehems Stall,
Was uns verheißen der himmlische Schall!
Was wir dort finden, lasset uns künden,
Lasset uns preisen in frommen Weisen!
Halleluja!

3. Wahrlich, die Engel verkündigen heut
Bethlehems Hirtenvolk gar große Freud',
Nun soll es werden Friede auf Erden,
Den Menschen allen ein Wohlgefallen.
Ehre sei Gott!

Aus Böhmen, etwa um 1700.

Heute sind die lieben Engelein

Das ist der von Nikolaus Hermann 1560 übersetzte Text eines lateinischen Weihnachtsliedes, das mit den Worten beginnt: „Nunc angelorum gloria"

Als ich bei meinen Schafen wacht

2. Er sagt, es soll geboren sein
Zu Bethlehem ein Kindelein.
Des bin ich froh...

3. Er sagt, das Kindlein läg im Stall
Und soll der Welt erlösen all.
Des bin ich froh...

4. Als ich das Kindlein hab gesehen,
Nicht wohl konnt ich von dannen gehn.
Des bin ich froh...

5. Den Schatz muß ich bewahren wohl,
So bleibt mein Herz der Freuden voll.
Des bin ich froh...

Aus dem Cölner Gesangbuch, gedruckt 1625

Seht das kleine, seht das reine

2. Und wir alle mit Jubelschalle
Folgen euch, ihr Hirten, nach.
Denn das Kindlein in den Windlein
Zieht uns an sich tausendfach.
O wie arm ist er geboren,
Der den Stall hier sich erkoren:
Gottes Sohn ein Kindlein schwach.

3. Drum erklinge, froh durchdringe
Alle Welt des Kindleins Preis,
Das gegeben uns zum Leben,
Uns allein zu retten weiß.
Darum laßt es uns begrüßen,
Betend fallen ihm zu Füßen,
Dienen ihm mit allem Fleiß.

Aus Ostpreußen.

Wann's da Messias war'

2. Dö Musi währt scho lang.
„Ei, i her nix."
Nimm's Pfeiferl a mit dir!
„I bin scho gricht."
Dö Buabm toan singa drobm,
Es sei a Kind geborn
Wann's da Messias war'!
„Ja , das war' rar."

3. Dort in an alt'n Stall
„Ei, wer hats gsagt? "
Ih han an Engl gsegn
„Hast'n denn gefragt? "
A Jungfrau keusch und rein,
Das soll die Muata sein,
Dort, wo da Stern schen brinnt
„Dort liegt das Kind? "

4. Is koans so schen geborn
„So wia das Kind."
Mues auf 'n Heu dort liegn
„Is recht a Sünd."
Ih wir sein Muata fragn,
Ob ichs mit mir derf tragn;
Das war' mein greßti Freud!
„Ja, das war' gscheidt."

5. Döckts ös nur fleißi zua!
„Sunst wird's eam z'kalt."
Wir keman nu amal
„Weil's uns so gfallt."
Wia ma von Stall gehn aus,
Ströckts seine Handal aus,
Tua auf uns denka dran!
„Ih bitt di schon."

6. O du schens Jesukind!
„Um was i bitt"
Müaßn ma vor, Gottes Thron
„Vastoß uns nöt!"
Dort müaßn ma lögen ab
A strenge Rechenschaft,
Da tuar uns gnädi sein!
„Liabs Jesulein!"

Das Lied stammt aus dem Salzkammergut und ist als Zwiegespräch gedacht. Die zweite Stimme wurde in Anführungszeichen gesetzt. Der Chorherr im Tiroler Stift St. Florian, Wilhelm Pailler, hat das Lied vor über 100 Jahren entdeckt und handschriftlich überliefert. Worterklärungen: toan = tun, Foia geit = Feuer gibt, i her nix = ich höre nichts, gricht = gerichtet, rar = selten.

Bin a bluetarmer Hirt

2. Es nimmt mi groß Wunda,
Daß ös, meine Leut,
In Stall da hiatzunda
Beinanda da seids!
Mein! sagt ma, was fallt eng in Winter hiatz ein,
Daß ös mit'n kloan Kind in da Kälten mögts bleibn?

3. Kannst das kam daleidn.
Du stoanalta Greis!
Hast Haar als wia Seidn,
Hübsch weng und schneeweiß.
Und du, Fräula, bist a hibsch zierli und fein,
Kannst a nöt von Hirtn- oder Bau'rnstand sein.

4. Wo ist denn dein Hoheit,
Wo sand dö Lagei?
Was hat die bezwunga
Zu uns auf das Heu?
Dö Liab hat die zwunga zu uns auf die Welt,
Tat gern dir was schenka, hab aba koan Geld.

5. Häd is recht vanumma
Und enta bedacht,
Häd i für das Kindal
A Guatl mitbracht,
Daß's nöt a so froisat, a warms Lamplfell,
An ötliche Oarl, a Mill und a Mel.

6. Zwoa Öpfel da han i
In Sack nur bei mir;
Wanns das derfest essen,
So schenkat i s' dir.
Han a nu a kloanwinzigs Lampal dahoam,
I tua da's a schenka, aba ghalts in da Ghoam!

7. I kann frei nöt wöcka,
Weils Kind so liab lacht.
Ös, Vada und Muata,
Göbts ja recht drauf acht!
Wanns ös recht daziagts, so wirds gwiß zu an Herrn,
Kann a schriftglahrta Mann oda Pflöga draus wer'n.

8. Gern tat i mehr göben,
Bin a bluetarma Hirt,
Wollt, i kunnt da göben,
Alls, was da gebührt.
I tat di schen kloaden, tat aufwarten dir;
Mein Buabal! hiazt nimm halt den Willen dafür!

9. Wanns sollt dazua kema,
Du herzi liabs Kind!
Zu dir tua mi nehma,
Bitt, laß mi nöt hint!
Tua mi nöt vadamma und denk a fein dra,
Daß i bei dein Krippal schen böten drum ha.

Von Wilhelm Pailler in Oberösterreich entdeckt.
Worterklärungen: eng = Euch, vazeichts ma = verzeiht mir, Koani = keine, siacht = sieht, hiatzt = jetzt, stoanalta = steinalter, Lagei = Lakei, guatl = Bonbon, froisat = friert, Lamplfell = Schaffell,
ötlicha = etliche, Oarl = Eier, Mill = Milch, Lampal = Schaf, Ös = Ihr, Pflöga = Pfleger, Wanns sollt dazu kema = wenn ich sterben muß, laß mi nöt hint = vergiß mich nicht.

Was soll das bedeuten?

2. Treibt z'sammen. treibt z'sammen die Schäflein fürbaß!
Treibt z'sammen, treibt z'sammen, dort zeig ich euch was:
:ı: Dort in dem Stall :ı:
Werd't Wunderding' sehen, treibt z'sammen einmal!

3. Ich hab nur ein wenig von weitem geguckt,
Da hat mir mein Herz schon vor Freuden gehupft:
;ı: Ein schönes Kind :ı:
Liegt dort in der Krippe bei Esel und Rind.–

4. Ein herziger Vater der steht auch dabei,
Ein wunderschöne Jungfrau kniet auch auf dem Heu.
Um und um singts, um und um klingts:
Man sieht ja kein Lichtlein, so um und um brinnts.

5. Das Kindlein das zittert vor Kälte und Frost,
Ich dacht mir: „I wer hat es denn also verstoßt,
:ı: Daß man auch heut :ı:
Ihm sonst keine andere Herberg' anbeut? "

Volkslied aus Schlesien und Mähren.

Inmitten der Nacht sind Hirten erwacht

2. Die Hirten im Feld
Verlassen ihr Zelt.
Sie können kaum schnaufen
Vor Rennen und Laufen
Dem Krippelein zu,
Der Hirt und sein Bu.

3. Der Vater sprach's Wort:
Was finden wir dort?
Ein wunderschöns Kindlein
In schneeweißen Windlein
Liegt zwischen zwei Tier
Holdselig allhier!

4. Ach Vater, ach schau!
Eine zarte Jungfrau
Sie tut sich bemühen,
Beim Kindelein knieen
Und betet es an.
Ach Brüder, schaut's an!

5. Ach, daß es Gott walt!
Hier ist es zu kalt,
Möcht einer verfrieren,
Sein Leben verlieren,
So kalt geht der Wind.
Mich dauert das Kind.

6. Ach daß's Gott erbarm!
Sein Mutter ist arm.
Sie hat ja kein Pfändlein,
Zu kochen dem Kindlein,
Kein Mehl und kein Schmalz,
Kein Holz und kein Salz.

7. Ihr Hirten, kommt raus!
Wir wollen nach Haus.
Lauft alle, wir wollen
Dem Kindlein was holen!
Kommt alle hieher!
Komm' keiner nicht leer!

Text und Melodie wurden von August Hartmann und Hyacinth Abele gegen Ende des vorigen Jahrhunderts während eines Krippenspiels in Holzkirchen bei München mitgeschrieben und 1890 veröffentlicht. Daraufhin meldete sich ein Volksliedsammler aus dem Elsaß, der dort etwa zur gleichen Zeit einen ganz ähnlichen Text im handgeschriebenen Liederbuch eines Bauernmädchen entdeckt hatte. Gemeinsame Ermittlungen ergaben, daß der Ursprung dieses Liedes sich im 14. Jahrhundert nachweisen läßt.

Ihr Hirten erwacht

2. Ihr Hirten geschwind,
Kommt, singet dem Kind,
Blas't in die Schalmeien,
Sein Herz zu erfreuen,
Auf, suchet im Feld
Den Heiland der Welt!

3. Sie hörten das Wort,
Und eilten schon fort,
Sie kamen in Haufen
Im Eifer gelaufen,
Und fanden da all'
Den Heiland im Stall.

4. Sie kannten geschwind
Das himmlische Kind,
Sie fielen darnieder
Und sangen ihm Lieder,
Und bliesen dabei
Die Pfeif' und Schalmei.

Im Jahre 1841 von Anton Wilhelm Florentin von Zuccalmaglio in einem von ihm nicht näher bezeichneten Ort Süddeutschlands entdeckt.

Wie die heiligen drei Könige den weiten Weg zur Krippe fanden

Ich soll dichten und reimen

Text vielfach abgedruckt, zuerst in Regensburg 1566. Melodie mit Originaltext aus dem Paderborner Gesangbuch

Die heiligen drei König

2. Die heiligen drei König mit ihrigem Stern,
Sie bringen dem Kindlein das Opfer so gern.
Sie reisen in schneller Eil,
In dreizehn Tagen vierhundert Meil.

3. Die heiligen drei König mit ihrigem Stern
Knien nieder und ehren das Kindlein, den Herrn.
Ein selige, fröhliche Zeit,
Verleih uns Gott im Himmelreich!

Aus Oberbayern. Anfang des 18. Jahrhunderts. Die schriftliche Quelle ähnlicher Drei - König - Lieder ist folgende Ballade, die zusammen mit der Originalmelodie im Paderborner Gesangbuch steht. Der originale Text ist trotz der veralteten Orthographie zu verstehen: *(Siehe nächste Seite)*

Sie fielen nieder und beteten es an

2. Dieweil sie das gehöret zwar:
Daß Jesus Christ geboren war.

3. Zu Bethlehem im jüdischen land
Zur Zeit Herodis wol bekant.

4. Sie zogen gen Jerusalem fort
Und kamen an Herodis ort.

5. Sie fragten Herodem mit großen Frewden:
Wo ist der geboren könig der Juden?

6. Wir haben gesehen seinen Stern
Im Morgenland mit großem begern,

7. Und kommen in zu beten an,
Herr König, thu uns recht verstan.'

8. So das der könig Herodes hort,
Sein leib erschrecket ganz emport.

9. Darzu für ganz Hierusalem,
Darumb er ließ versammelen

10. All hohepriester und schriftgelerten,
Fragent, wor Jesus sol geboren werden.

11. Sie aber im sagten all zuhand:
Zu Bethlehem im jüdischen land.

12. Wie solches all geschrieben stet
Durch den propheten gar bereit.'

13. Da berufet Herodes die weisen sein
Gar heimlich und erlernt von in,

14. Zu welcher zeit der sterne zwar
Erschienen wer gar hell und klar,

15. Und ließ sie gehn gen Bethlehem
Und spracht: „nun ziehet sampt dahin,

16. Und forschet mit fleiß nach dem kindelein,
Das da soll geboren sein.

17. Und wann irs findet, sagt mirs dann,
Daß ich auch komm und bet es an."

18. Wie sie nun solches hatten gehort,
Vom könig Herodes zogen sie fort,

19. Verließen Hierusalem den plan
Und sahen den stern vorher gan,

20. Den sie bevor im Morgenland
Gesehen hatten und erkant,

21. Gieng für in hin bis an den ort,
Da das kindlein geboren ward.

22. Wie er nun kam da auf den plan
Zu Bethlehem, blieb er stille stan.

23. Da sie nun theten sehen den stern
Von inen stehen gar nicht fern,

24. Theten sie sich ser alle empor
Und hoch im herzen erfrewen dar.

25. Und giengen in das häuselein,
Funden das zart schöne kindelein,

26. Mit Maria seiner mutter rein,
Mit schlechten tüchlein wickelt fein.

27. Sie fielen nieder und beteten es an,
Theten ire schätze dar auf dem plan,

28. Legten im gold, weihrauch, mirrhen dar,
Und worden im traum gewarnet zwar,

29. Daß sie nicht wieder zu Herode kerten
Und setzten ir leben in geferden.

30. Wie sie vom engel solchs hatten verstanden,
Lenkten sie wieder zu iren landen,

31. Und zogen einen andern weg heraus,
Vermeideten also Herodis haus.

32. Dann Herodes gesinnet ganz und gar,
Das kindlein umzubringen dar.

33. Das kindelein, das Jesulein,
Woll allzeit in unsern herzen sein!

34. Dasselb bewaren allezeit
Vor sünden, schanden und auch leid!

35. Ehr sei, preis und herrlichkeit
Dem kindlein, der heiligen dreifaltigkeit!

36. Weil ir uns eine gab gegeben,
So laß euch das kindlein lange leben–

37. In frieden, freuden immerdar:
Das wünschen wir euch zum newen jar!

38. Wir schreiben euch auf ein' lilienzweig:
Der liebe Gott geb euch das himmelreich!

39. Wir haben gesungen in eurem haus:
All ungelücke far daraus!

40. Wir schreiben auf ein lilienblat:
Gott geb euch all ein gute nacht!

Wenn Kinder oder Sternsinger, als heilige drei Könige verkleidet, von Haus zu Haus gingen, sangen sie das Lied vorerst nur einschließlich der 35. Strophe. Bekamen sie dann Geschenke, trugen sie auch die restlichen fünf Strophen vor. Bekamen sie nichts, zogen sie sanglos ab.

In einem Kripplein lag ein Kind

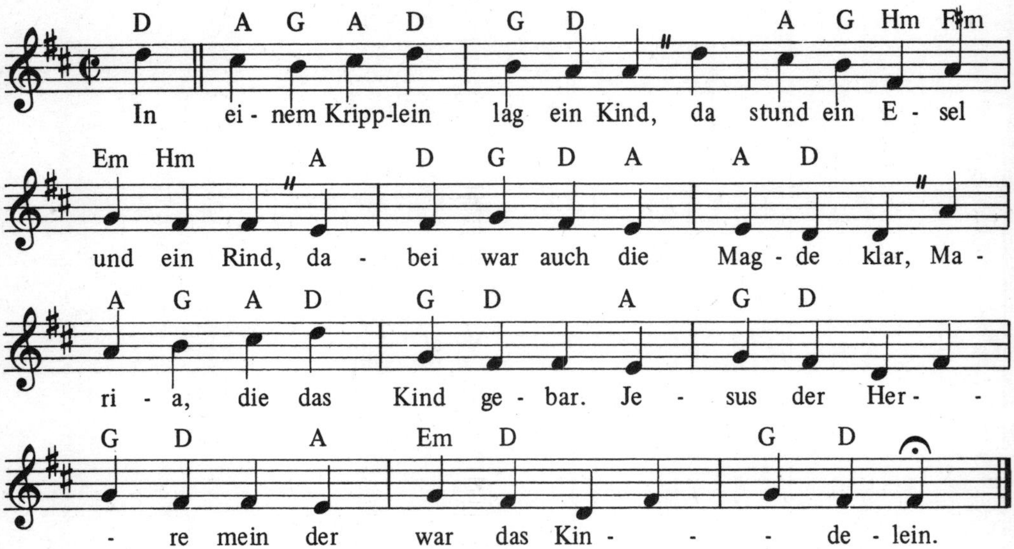

2. Zur Stund entbrannt' eins Sternes Schein,
Daß es ward kund den Köngen drei'n
Im fernen Land gen Orient,
Die kamen mit ihr'r Gab gerennt.
Jesus, der Herre mein, der war das Kindelein.

3. Sie fielen nieder auf die Erd,
Sie gebeten dem Kinde wert
Gar edel Myrrhen, Weihrauch, Gold,
Dem Kindlein wurden sie gar hold.
Jesus, der Herre mein, der war das Kindelein.

Text und Melodie aus „Heinrich von Laufenberg Liederhandschrift zu Straßburg, geschrieben 1415-1443."

Drei König führet göttlich Hand

2. Die König waren Weisheit voll,
Im Himmelslauf erfahren wohl,
Und gleich als Brüder alle drei
Sich gaben in eine Companei.
Gott sammle uns durch seine Kraft
In diese ihre Bruderschaft!

3. Der Stern war groß und wunderschon,
Im Stern ein Kind mit einer Kron,
Ein gulden Kreuz sein Scepter war,
Und alles wie die Sterne klar.
O Gott erleucht vom Himmel fern
Die ganze Welt mit diesem Stern!

4. Aus Morgenland in aller Eil,
Kaum dreizehn Tag viel hundert Meil
Berg auf, Berg ab durch Reif und Schnee
Gott suchten sie durch Meer und See.
Gott, laß uns auch nicht werden hart
Kein Kirchengang noch auch Wallfahrt!

5. Herodes nicht ein halbe Stund
In seinem Hof sie halten kunnt':
Jerusalem sie lassen stehn
Und eilends fort zur Krippen gehn.
Gott laß uns auch nicht halten ab
Vom guten Weg bis zu dem Grab!

6. Sobald sie kamen zu dem Stall,
Auf ihre Knie sie fielen all:
Die Schätz heraus und Kisten auf:
Gold, Weihrauch, Myrrhen mit ganzem Hauf.
O Gott, nimm an auch unser Gut,
Herz, Leib und Seel, Gut, Ehr und Blut!

7. Mit Weihrauch und gebognem Knie
Erkannten sie die Gottheit hie,
Mit Myrrhen sein Menschheit bloß,
Mit rotem Gold ein König groß.
Gott halt uns auch bei diesem Sinn,
Kein Ketzerei laß schleichen in.

8. Maria hieß sie willkommen sein,
Legt ihn ihr Kind ins Herz hinein:
Das tragen sie im Herzen mit,
Kein ander Schatz begehrens nit.
O Jungfrau rein, du göttlichr Thron,
In unser Herz leg deinen Sohn!

9. Mit solchem Zehrgeld wohl versehn
Zum Vaterland sie fröhlich gehn:
Ihr Zehrgeld das süß Kindlein war,
Ihr frei Geleit der Engel Schar.
Gott geb uns auch am letzten Zug
Der Zehrung und Beschützung gnug!

Aus dem Würzburger Gesangbuch, 1628.

Da schaut der Herodes beim Fenster heraus

2. „O liebe drei Herren, wo reist ihr denn hin? "
„Nach Bethlehem ist all unser Sinn."
„O liebe drei Herren, bleibt heutnacht hier!
Ich will euch geben ein gutes Quartier.

3. Ich will euch geben Heu und Streu
Und will euch halten zehrungsfrei."
„Ach nein, ach nein, das kann nicht sein;
Mir suchen Maria und Jesulein."

Worterklärung: Eanan = ihrem.
Aus dem „Ofener Christkindlspiel," entdeckt und aufgeschrieben gegen Ende des vorigen Jahrhunderts von August Hartmann und Hyazinth Abele. Textvarianten dieses Liedes lassen sich bis ins 15. Jahrhundert zurückverfolgen.

Die Trommel hör ich knallen

(wird zur Melodie „Wo werden wir heut kehren ein" gesungen, Seite 20)

Maria
1. „O Joseph mein,
Was muß das für Getümmel sein?
Die Trommel hör ich knallen,
Trumpeten auch erschallen,
O Joseph mein!"

Joseph
2. „O Jungfrau rein,
Es wird fürwahr was Neues sein,
Daß soviel Herren reiten,
Das wird was Neus bedeuten,
O Jungfrau rein!"

Maria
3. „O Joseph mein,
Wann sie bei uns wolln kehren ein,
Tu zu ihn'n hinaustreten!
Du kannst uns noch erretten,
O Joseph mein!"

Joseph
4. „Ihr Herren mein
Wo wollet ihr dann kehren ein
Mit ein so großer Menig?
Die Häuser sind zu wenig
In Bethlehem."

Die Könige
5. „Ihr Freunde mein,
Wir begehrn nicht in die Stadt hinein.
Laßt uns nur hinein gehen,
Daß wir das Kindlein sehen,
In Stall hinein!"

Joseph
6. „Ihr Herren mein,
Nur arme Leut darinnen sein
Ein Ochs und auch ein Eselein,
Dazu das kleine Kindelein,
Das Jesulein im Krippelein."

Die Könige
7. „Ihr Freunde mein,
Ist Jesus das klein Kindelein,
Laßt uns nur hinzu treten,
Daß wir das Kind anbeten,
Das Jesulein im Krippelein!"

Joseph
8. „Ihr Herren mein,
So gehet dann mit mir herein!
Alldorten werdt ihr's finden,
Wie ihn die Lieb tut binden,
Das Jesulein im Krippelein."

Aus dem „Röhrnbacher Krippenspiel"

Wenn sich die Kinder auf Weihnachten freuen

Morgen, Kinder wird's was geben

2. Wie wird dann die Stube glänzen
Von der großen Lichterzahl!
Schöner als bei frohen Tänzen
Ein geputzter Kronensaal.
Wißt ihr noch, wie vor'ges Jahr
Es am heilgen Abend war?

3. Wißt ihr noch die Spiele, Bücher
Und das schöne Hottepferd,
Schönste Kleider, wollne Tücher,
Puppenstube, Puppenherd?
Morgen strahlt der Kerzen Schein,
Morgen werden wir uns freun!

Aus dem Jahre 1850. Text von Hoffmann von Fallersleben zu einer Melodie von Carl Gottlieb Haring.

Morgen kommt der Weihnachtsmann

2. Bring uns, lieber Weihnachtsmann,
Bring auch morgen, bringe
Musketier und Grenadier,
Zottelbär und Panthertier,
Roß und Esel, Schaf und Stier,
Lauter schöne Dinge!

3. Doch du weißt ja unsern Wunsch,
Kennst ja unsre Herzen.
Kinder, Vater und Mama,
Auch sogar der Großpapa,
Alle, alle sind wir da,
Warten dein mit Schmerzen.

Von Hoffmann von Fallersleben zu einer alten Volksweise, etwa 1850.

Ihr Kinderlein kommet

2. Da liegt es ihr Kinder, auf Heu und auf Stroh:
Maria und Joseph betrachten es froh;
Die redlichen Hirten knien betend davor,
Hoch oben schwebt jubelnd der Engelein Chor.

3. O beugt wie die Hirten anbetend die Knie;
Erhebet die Hände und danket wie sie!
Stimmt freudig, ihr Kinder, wer soll sich nicht freu'n?
Stimmt freudig zum Jubel der Engel mit ein.

4. Was geben wir Kinder, was schenken wir dir,
Du bestes und liebstes der Kinder dafür?
Nichts willst du von Schätzen und Freuden der Welt,
Ein Herz nur voll Unschuld allein dir gefällt.

5. So nimm unsre Herzen zum Opfer denn hin,
Wir geben sie gerne mit fröhlichem Sinn,
Und mache sie heilig und selig wie deins,
Und mach sie auf ewig mit deinem vereint!

Melodie von Johann Abraham Peter Schulz, etwa 1790.

Kommt her, ihr Kinder

2. Das neugeborne Kindelein,
Das liegt in einem Krippelein.

3. Bist uns willkommen, du Kindlein zart!
Wie liegst du hier so elend und hart!

4. O liebes Kindlein blos und arm,
Dich unser aller heut erbarm!

5. Wir wollen dir auch hulden gern
Als unserm lieben Christ und Herrn.

6. Mach' wir dem Kind ein Wiegelein
In unser Herz und Glauben rein!

7. In aller Welt kein Heiland ist
Ohn dich, du Kindlein Jesu Christ.

8. Hilf uns, du wertes Kindelein,
Daß wir dein Schwester und Brüder sein!

9. Lob, Ehr und Preis, auch Herrlichkeit
Sei der heiligen Dreifaltigkeit!

Dieses Lied stammt nach Auffassung von Volksliedforschern aus dem 13. oder 14. Jahrhundert und ist in fast allen Liederbüchern des 17. Jahrhunderts niedergeschrieben.

Vom Himmel hoch, da komm ich her

2. Euch ist ein Kindlein heut geborn
Von einer Jungfrau auserkorn;
Das Kindelein so zart und fein,
Das soll eur Freud und Wonne sein.

3. Es ist der Herr Christ unser Gott,
Der will euch führn aus aller Not,
Er will nur Heiland selber sein,
Von allen Sünden machen rein.

4. Er bringt euch alle Seligkeit,
Die Gott der Vater hat bereit,
Daß ihr mit uns im Himmelreich
Solt leben nun und ewigleich.

5. So merket an das Zeichen recht,
Die Krippen, Windelein so schlecht:
Da findet ihr das Kind gelegt,
Das alle Welt erhebt und trägt.

6. Des laßt uns alle fröhlich sein –
Und mit den Hirten gehn hinein,
Zu sehen, was Gott uns beschert,
Mit seinem lieben Sohn verehrt.

7. Merk auf, mein Herz, und sieh dort hin:
Was liegt doch in dem Krippelin?
Was ist das schöne Kindelin?
Es ist das liebe Jesulin.

8. Bis willkomm, du edler Gast!
Den Sünder nicht verschmähet hast
Und kömmst ins Elend her zu mir,
Wie soll ich immer danken dir?

9. Ach Herr, du Schöpfer aller Ding,
Wie bist du worden so gering,
Daß du da liegst auf dürrem Gras,
Davon ein Rind und Esel aß.

10. Und wär die Welt vielmal so weit,
Von Edelstein und Gold bereit,
So wär sie doch dir viel zu klein,
Zu sein ein enges Wiegelein.

11. Der Sammet und die Seiden dein,
Das ist grob Heu und Windelein,
Darauf du Kind, so groß und reich,
Her prangst als wärs dein Himmelreich.

12. Das hat also gefallen dir,
Die Wahrheit anzuzeigen mir:
Wie aller Welt Macht, Ehr und Gut
Vor dir nichts gilt, nichts hilft noch tut.

13. Ach, mein herzliebes Jesulin,
Mach dir ein fein sanft Bettelin,
Zu ruhn in meines Herzen Schrein,
Daß ich nimmer vergesse dein!

14. Davon ich allzeit fröhlich sei,
Zu springen, singen immer frei
Das rechte S u s a n i n n e schon,
Mit Herzen Lust den süßen Ton.

15. Lob, Ehr sei Gott im höchsten Thron,
Der uns schenkt seinen einigen Sohn;
Des freuen sich der Engel Schar
Und singen uns solchs neues Jahr.

Das ist der vollständige Text eines heute nur noch mit den Strophen 1, 2, 3, 4, 6 und 15 bekannten Liedes, das Martin Luther zur Weihnachtsbescherung 1535 für seine Kinder gedichtet hat. Es wurde damals zu der nachfolgenden Volksliedmelodie gesungen. Erst vier Jahre später – 1539 – komponierte Luther die heute übliche Melodie dazu.

F Bb F F C F
Vom Him - mel hoch da komm ich __ her ich
F C F C F C F
bring euch gu - te und neu - - e Mär, der gu - ten Mär bring
F C F C F Bb C F
ich so viel da - von ich sin - gen und sa - gen will.

Hosianna

Vom Himmel kam der Engel Schar

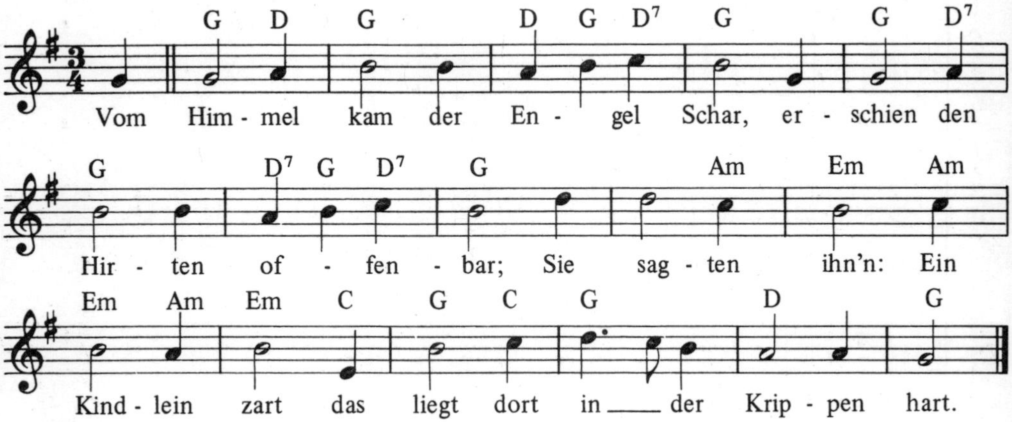

2. Zu Bethlehem in Davids Stadt,
Wie Micha das verkündet hat,
Es ist der Herre Jesus Christ,
Der euer aller Heiland ist.

3. Des sollt ihr billig fröhlich sein,
Daß Gott mit euch ist worden ein.
Er ist geborn eur Fleisch und Blut,
Eur Bruder ist das ewig Gut.

4. Was kann euch tun die Sünd und Tod?
Ihr habt mit euch den wahren Gott.
Laßt zürnen Teufel und die Höll:
Gotts Sohn ist worden eur Gesell.

5. Er will und kann euch lassen nicht,
Setzt ihr auf ihn eur Zuversicht.
Es mögen euch Viel' fechten an:
Dem sei Trotz, ders nicht lassen kann.

6. Zuletzt müßt ihr doch haben recht,
Ihr seid nun worden Gotts Geschlecht.
Des danket Gott in Ewigkeit,
Geduldig, fröhlich alle Zeit.

Von Martin Luther

Vom Himmel hoch o Engel kommt

2. Kommt ohne Instrumenten nit,
Bringt Lauten, Harfen, Geigen mit!

3. Laßt hören euer Stimmen viel
Mit Orgel und mit Saitenspiel!

4. Hier muß die Musik himmlisch sein,
Weil dies ein himmlisch Kindelein.

5. Die Stimmen müssen lieblich gehn
Und Tag und Nacht nicht stille stehn.

6. Sehr süß muß sein der Orgel Klang,
Süß über allen Vögelsang.

7. Das Lautenspiel muß lauten süß,
Davon das Kindlein schlafen müß.

8. Singt Fried den Menschen weit und breit,
Gott Preis und Ehr in Ewigkeit.

Aus dem Cölner Gesangbuch, 1625, und dem „Seraphisch Lustgart 1635"

Dem neu geborenen Kindelein singen alle Engelein

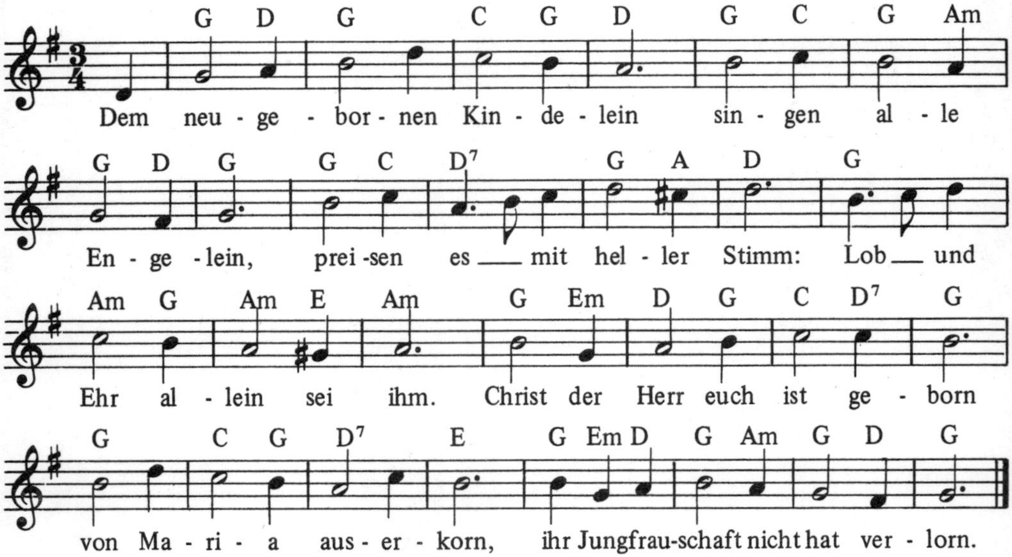

2. Sie zeigten es den Hirten an,
Die bei ihrer Herde warn:
"Lobet Gott und seid all froh,
Geht hin, ihr werdts finden so.
Christ der Herr euch ist geborn,
Von Maria auserkorn,
Bringt wieder, was da war verlorn."

3. Die Weisen in dem Morgenland
Haben des Kindes Stern erkannt,
Gold, Myrrhen, Weihrauch ihm zu Ehrn
Brachten sie Christo dem Herrn:
„Christ der Herr ist uns geborn,
Von Maria auserkorn,
Ihr Jungfrauschaft nicht hat verlorn."

4. Dem neugebornen Kindelein
Sei Lob, Preis und Ehr allein.
Des neugebornen Königs Reich
Wachs und stärke sich gewaltiglich.
Christ der Herr ist uns geborn,
Von Maria auserkorn,
Bringt wieder, was da war verlorn.

Es handelt sich hier um den übersetzten Text des lateinischen Liedes „In Natali Domini" aus dem „Geistlichen Lieder-buch" 1586. Melodie vermutlich von Gesius, 1605.

Komm, wir gehn nach Bethlehem

2. Hansl, blas die Flöte du,

3. Seppl, spiel den Dudelsack,

4. Und du, Görgel, streich die Fiedel,

5. Christoph, laß den Baß erklingen.

Aus Böhmen.

Sei gegrüßt, o Jesulein

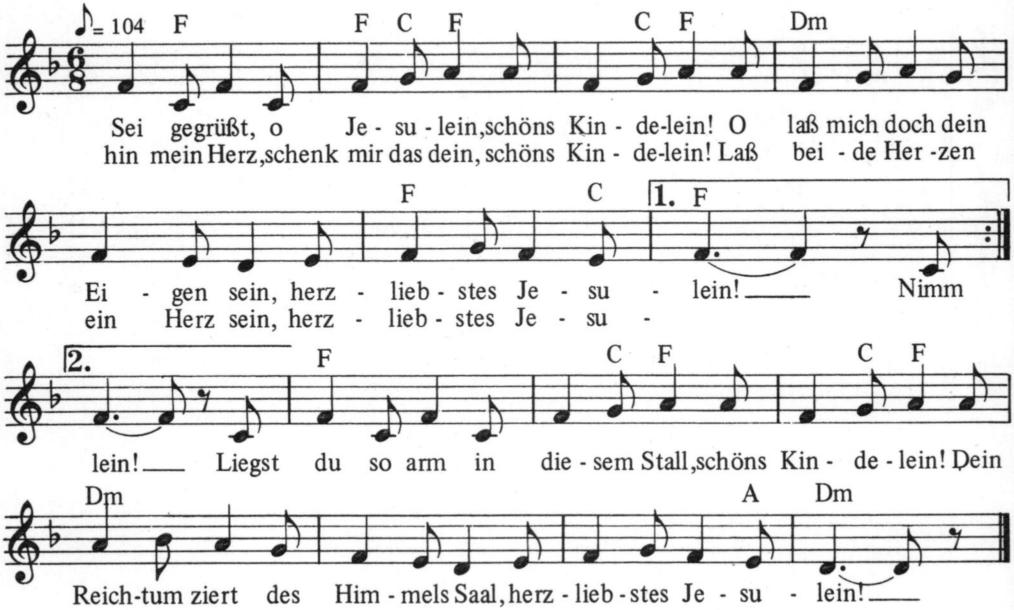

Aus dem „Röhrnbacher Krippenspiel".

Es blühen drei Rosen auf einem Zweig

2. Was trägt Maria unter ihrem Schoß?
Ein kleines Kindlein, war nackt und bloß.

3. Was trägt Maria auf ihrem Arm?
Ein kleines Kind, das sich unser erbarm.

4. Was trägt Maria in ihrer Hand?
Ein Szepter, den hat ihr Gott, der Sohn erlangt.

5. Was trägt Maria auf ihrem Haupt?
Die Krone, die hat ihr Gott der Herr erlaubt.

Volkslied aus Schlesien.

Laßt uns froh und munter sein

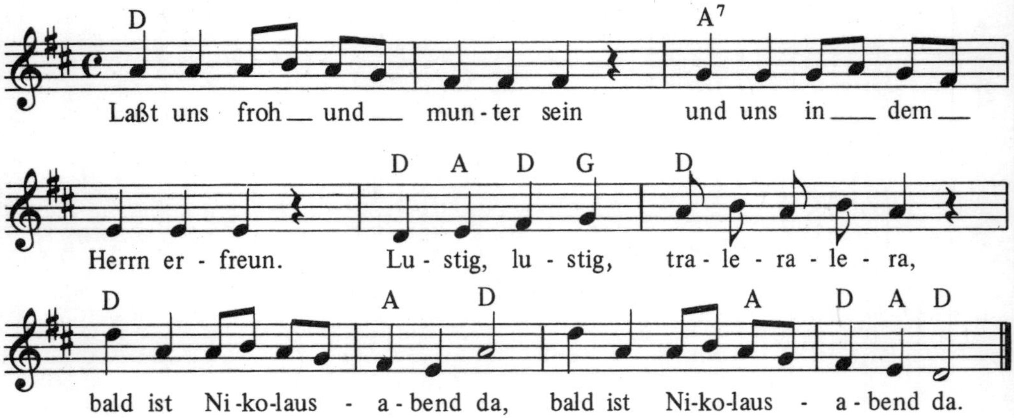

2. Dann stell ich den Teller auf,
Niklaus legt gewiß was drauf.

3. Wenn ich schlaf', dann träume ich:
Jetzt bringt Niklaus was für mich.

4. Wenn ich aufgestanden bin,
Lauf' ich schnell zum Teller hin.

5. Niklaus ist ein guter Mann,
Dem man nicht g'nug danken kann.

Aus dem Taunus

Ruprecht, Ruprecht guter Gast

Volkslied unbekannter Herkunft.

Leise rieselt der Schnee

2. In den Herzen wird's warm,
Still schweigt Kummer und Harm,
Sorge des Lebens verhallt:
Freue dich, Christkind kommt bald!

3. Bald ist Heilige Nacht,
Chor der Engel erwacht,
Hört nur wie lieblich es schallt:
Freue dich, Christkind kommt bald!

Text von Eduard Ebel zu einer alten Volksweise.

Kling, Glöckchen, klingelingeling

2. Kling, Glöckchen, klingelingeling,
Kling, Glöckchen, kling.
Mädchen hört und Bübchen,
Macht mir auf das Stübchen!
Bring euch milde Gaben,
Sollt euch dran erlaben!
Kling, Glöckchen, klingelingeling,
Kling, Glöckchen, kling!

3. Kling, Glöckchen, klingelingeling,
Kling, Glöckchen, kling.
Hell erglühn die Kerzen,
Öffnet mir die Herzen!
Will drin wohnen fröhlich!
Frommes Kind, wie selig!
Kling, Glöckchen, klingelingeling,
Kling, Glöckchen, kling!

Text: Carl Enslin 1819 - 1875. Melodie: Benedikt Widmann 1820 - 1910.

Wach, Nachtigall, wach auf

2. Flieg her zum Krippelein,
Flieg her, gefiedert Schwesterlein,
Blas an das feine Psalterlein,
Sing, Nachtigall, gar fein!
Dem Kindelein
Musiziere, koloriere, jubiliere,
Sing, sing, sing dem süßen Jesulein!

3. Stimm, Nachtigall, stimm an!
Den Takt gib mit dem Federlein,
Und freudig schwing die Flügelein,
Erstreck dein Hälselein!
Der Schöpfer dein
Mensch will werden mit Gebärden heut auf Erden:
Sing, sing, sing dem werten Jesulein!

Aus dem Bamberger Gesangbuch, 1670. Dieses Lied wurde von Kindern bei Umzügen von Haus zu Haus gesungen.

Der heilge Christ ist kommen

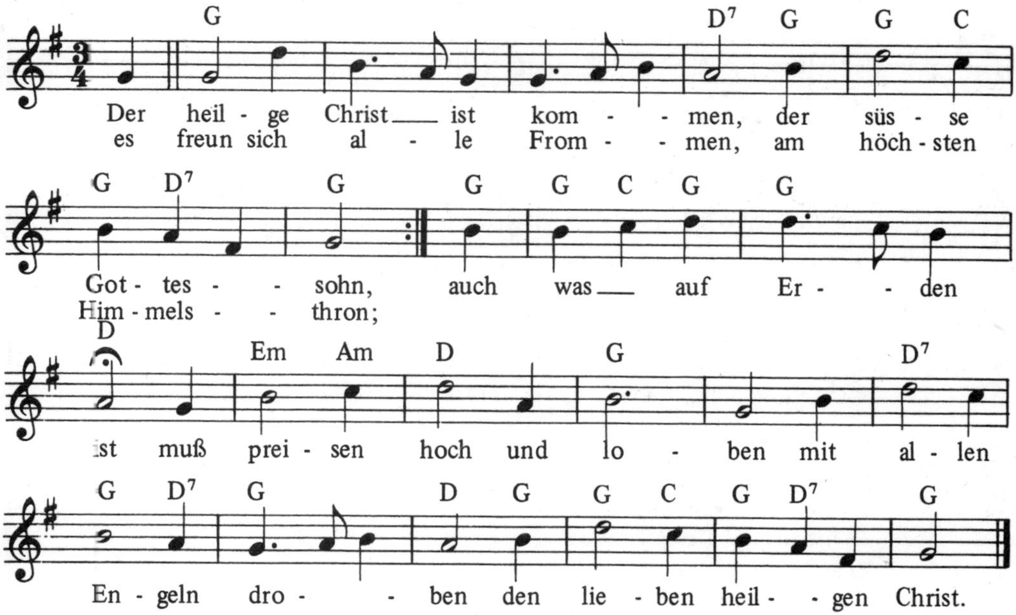

2. Das Licht ist aufgegangen,
Die lange Nacht ist hin,
Die Sünde ist gefangen,
Erlöset ist der Sinn,
Die Sündenangst ist weg,
Und Liebe und Entzücken
Baun weite Himmelsbrücken
Aus jedem schmalsten Steg.

3. Verwaiset sind die Kinder
Nicht mehr und vaterlos,
Gott rufet selbst die Sünder
In seinen Gnadenschoß;
Er will, daß alle, rein
Von ihren alten Schulden,
Vertrauend seinen Hulden,
Gehn in den Himmel ein.

4. Drum freuet euch und preiset,
Ihr Kindlein fern und nah!
Der euch den Vater weiset,
Der heilge Christ ist da;
Er ruft so freundlich drein
Mit süßen Liebesworten:
Geöffnet sind die Pforten,
Ihr Kinder kommt herein!

Von Ernst Moritz Arndt. Satz nach J. S. Bach.

Kling gleich der hellsten Nachtigall

2. Kling, Lied, und kling im höchsten Ton:
Es kommt der süße Gottessohn,
Es kommt das helle Himmelskind
hernieder, wo die Sünder sind.

3. Er kehrt bei einer Jungfrau ein,
Will eines Weibes Säugling sein,
Der große Herr der ganzen Welt
Ein Würmlein auf die Erde fällt.

4. Ein armes Knäblein nackt und bloß,
So liegt er in Marias Schoß;
Der alle Sterne lenken kann,
Fleht eines Weibes Gnade an.

5. Der eh'r als Erd und Himmel war,
Das Wort des Vaters rein und klar,
Spricht lieb und freundlich bei uns ein
Und will der Sünder Bruder sein.

6. Des solln wir alle fröhlich sein
Und singen mit den Engelein
Und singen mit der Hirten Schar:
Das ewge Heil wird offenbar.

7. So kommt die unermeßne Huld,
Zu tragen unsere schwere Schuld,
Die ewge Liebe steigt von Gott
Zu uns herab für Schmach und Spott.

8. Des solln wir alle fröhlich sein,
Daß Gott will unser Vater sein,
Und daß der süße Jesus Christ
Heut unser Bruder worden ist.

Text von Ernst Moritz Arndt (1769 - 1860). Melodie von Abraham Peter Schulz (1747 - 1800).

Zu Bethlehem geboren ist uns ein Kindelein

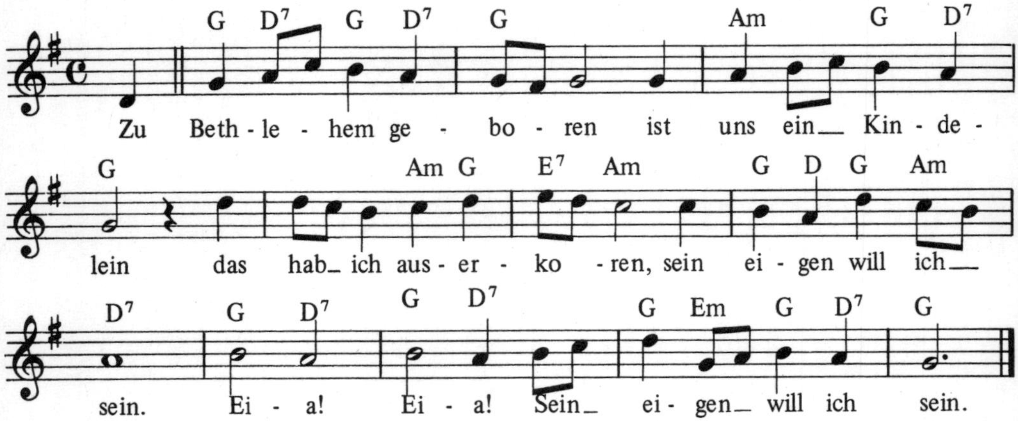

2. In seine Lieb versenken
Will ich mich ganz hinab,
Mein Herz will ich ihm schenken
Und alles, was ich hab.
Eia! Eia! Und alles, was ich hab.

3. Aus ganzem, reinem Herzen
Möcht ich dich lieben, Herr,
In Freuden und in Schmerzen,
Je länger und je mehr.
Eia! Eia! Je länger und je mehr.

4. Laß mich von dir nichts scheiden,
Verknüpfe du das Band
Der Liebe zwischen beiden,
Nimm hin mein Herz zum Pfand!
Eia! Eia! Nimm hin mein Herz zum Pfand!

Aus: „Kölnisches Gesangbüchlein," 1638.

Du lieber, heilger frommer Christ

2. Du Licht, vom lieben Gott gesandt
In unser dunkles Erdenland,
Du Himmelskind und Himmelsschein,
Damit wir sollen himmlisch sein.

3. Du lieber, heil'ger, frommer Christ,
Weil heute dein Gebursttag ist,
Drum ist auf Erden weit und breit
Bei allen Kindern fromme Zeit.

Text von Ernst Moritz Arndt. Melodie von Gottlob Siegert, Kantor von Breslau.

Christkindleins Wiegenlied

2. Schlaf, Jesulein, wohl!
Nichts hindern soll
Ochs, Esel und Schaf
Sind alle in Schlaf.
Schlaf Kind, schlaf, tu die Äuglein zu,
Schlaf und gib uns die ewige Ruh!
Ochs, Esel und Schaf
Sind alle in Schlaf,
Nichts hindern soll,
Schlaf, Jesulein, wohl!

3. Die Seraphin singen
Und Cherubin klingen;
Viel Engel im Stall,
Die wiegen dich all.
Schlaf Kind, schlaf, tu die Äuglein zu,
Schlaf und gib uns die ewige Ruh!
Die Seraphin sing
Und Cherubin klingt;
Viel Engel im Stall,
Die wiegen dich all.

4. Seid stille, ihr Wind',
Laßt schlafen das Kind'
All Brausen sei fern,
Es ruhen will gern.
Schlaf, Kind, und tu die Äugelein zu,
Schlaf und gib uns die ewige Ruh!
Ihr Stürme, halt't ein.
Das Rauschen laßt sein!
Seid stille. ihr Wind',
Laßt schlafen das Kind!

5. Nichts mehr sich bewegt,
Kein Mäuslein sich regt,
Zu schlafen beginnt
Das herzliche Kind.
Schlaf denn und tu dein Äugelein zu,
Schlaf und gib uns die ewige Ruh!
Nichts mehr man dann singt,
Kein Stimmlein mehr klingt:
Schlaf, Jesulein zart,
Von göttlicher Art!

Die Melodie und die ersten drei Strophen finden sich unter dem Titel ,,Christkindleins Wiegenlied'' im Cölner Gesangbuch. Populär wurde das Lied aber erst mit der vierten und fünften Strophe, die aus dem Straßburger Gesangbuch 1697 stammen.
Eine zweite, ebenfalls beliebte Melodie wurde vermutlich um 1635 von einem Unbekannten in München komponiert:

Behüt dies Kindelein

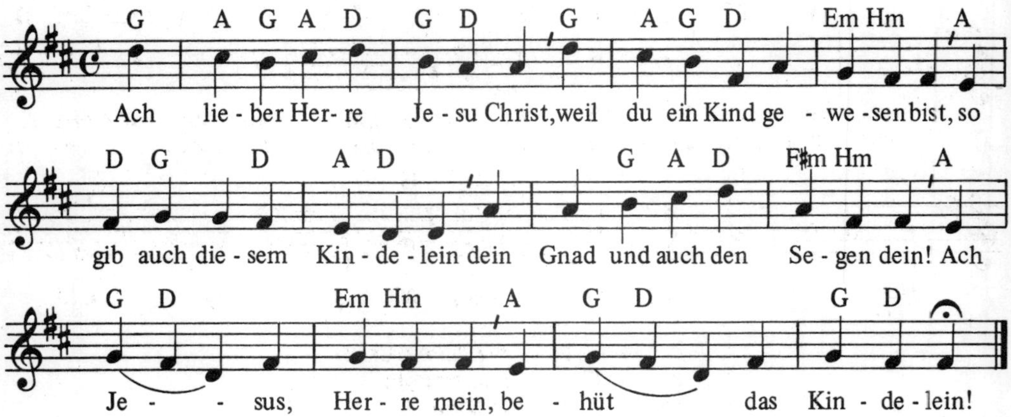

2. Dein'r Engel Schar die wohn ihm bei,
Es schlaf, es wach und wo es sei.
Dein Geist behüts, o Gottessohn,
Daß es verlang der Heilgen Kron.
Ach Jesus, lieber Herre mein,
Behüt dies Kindelein!

3. Nun schlaf, nun schlaf, mein Kindelein!
Jesus soll freundlich bei dir sein.
Er wolle, daß dir träume wohl
Und werdest aller Tugend voll!
Ach Jesus, Herre mein,
Behüt dies Kindelein!

4. Ein gute Nacht und guten Tag
Geb dir, der alle Ding vermag!
Hiermit sollst du gesegnet sein,
Du herzeliebes Kindelein.
Ach Jesus, Herre mein,
Behüt dies Kindelein!

Handschriftlich aus Straßburg, 1430. Text vermutlich von Heinrich von Laufenberg.

Laßt uns das Kindlein wiegen

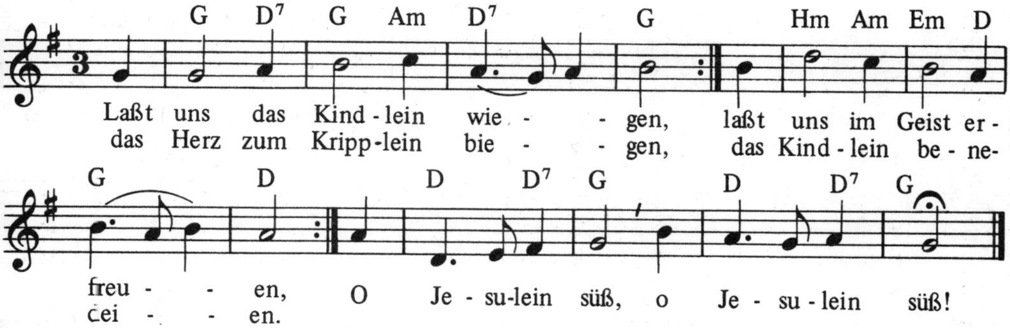

2. Laßt uns dem Kindlein neigen,
Ihm Lieb und Dienst erzeigen!
Laßt uns doch jubilieren
Und geistlich triumphieren!
O Jesulein süß!

3. Laßt uns dem Kindlein singen,
Ihm unsre Opfer bringen,
Ihr alle Ehr beweisen
Mit Loben und mit Preisen!
O Jesulein süß!

4. Laßt uns sein Händlein und Füße,
Sein feurigs Herzlein grüßen
Und ihn demütig ehren
Als unsern Gott und Herren!
O Jesulein süß!

5. Laßt unser Stimmlein schallen,
Es wird dem Kindlein gefallen:
Laßt ihm ein Freudlein machen,
Das Kindlein wird eins lachen.
O Jesulein süß!

Das beliebteste und am weitesten verbreitete weihnachtliche Kinderlied im 17. und 18. Jahrhundert. Text erstmals in „Voglers Katechismus" 1602, dann mit Melodie in fast allen kirchlichen Liederbüchern.

Still, still, still, weils Kindlein schlafen will

2. Schlaf, schlaf, schlaf,
Mein liebes Kindlein schlaf!
Die Engel tun schön musizieren,
Bei dem Kindlein jubilieren.
Schlaf, schlaf, schlaf,
Mein liebes Kindlein schlaf.

3. Groß, groß, groß,
Die Lieb ist übergroß!
Gott hat den Himmelsthron verlassen
Und muß reisen auf der Straßen.
Groß, groß, groß,
Die Lieb ist übergroß.

4. Wir, wir, wir,
Tun rufen all zu dir:
Tu uns des Himmels Reich aufschließen,
Wenn wir einmal sterben müssen.
Wir, wir, wir,
Wir rufen all zu dir.

Aus Salzburg, 1819.

Es wird scho glei dumper

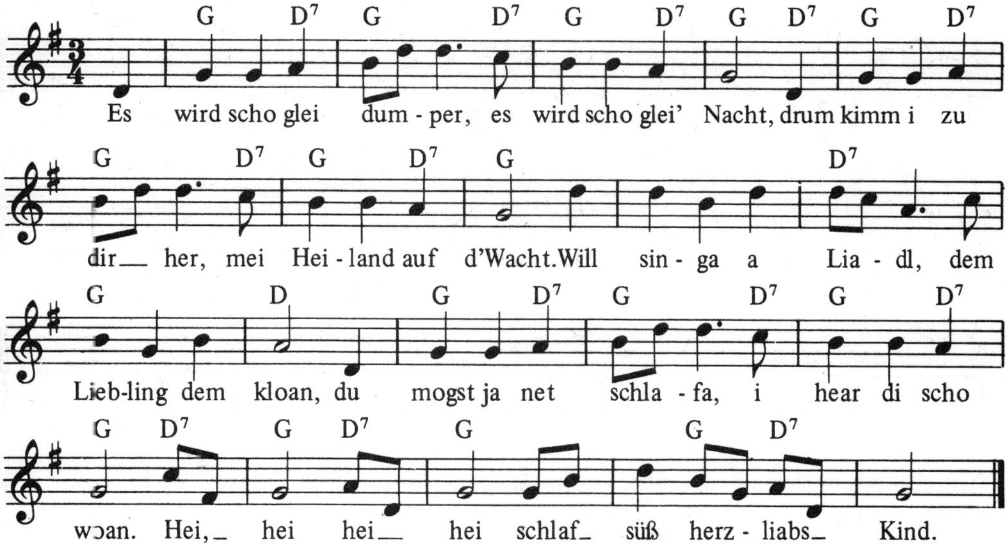

2. Vergiß jetzt, o Kinderl,
Dein Kumma, dei Load,
Daß du da mußt leidn
Im Stall auf da Hoad.
Es ziern ja die Engerl
Dei Liagerstatt aus,
Möcht schöner nit sei drin
An König sei Haus.

3. Schließ zua deine Äugerl
In Ruh und in Fried,
Und gib ma zum Abschied
Dein Seg'n no grad mit!
Dann wird a mein Schlaferl
So sorgenlos sein,
Dann kann i mi ruhig
Aufs Niedalegn freun.

Weihnachtslied aus Tirol.
Im süddeutschen Sprachraum
weit verbreitet.
Dumper = dunkel.
Load = Leid.
Hoad = Heide.

Schlaf mein Kindelein

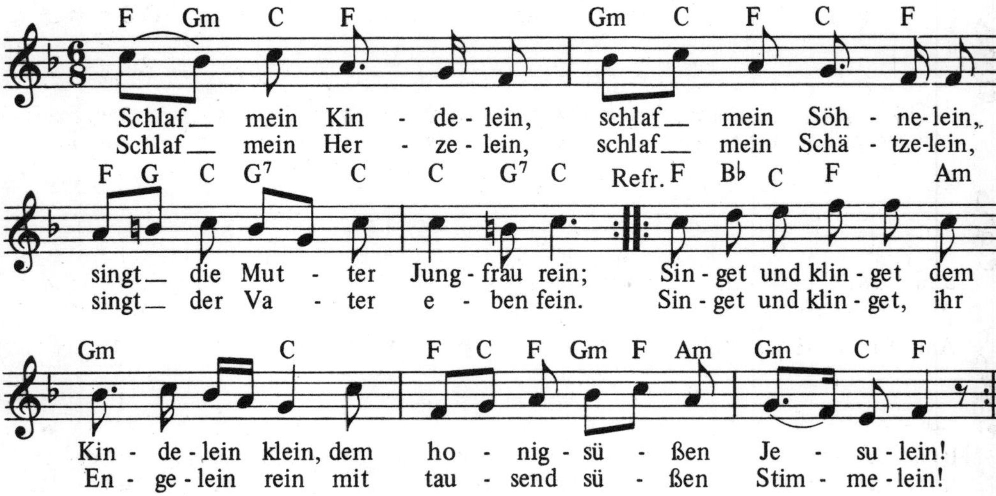

2. Komm mein Kindelein,
Schau dein Bettelein,
Das für dich bereitet ist.
Komm mein Söhnelein
In dies Krippelein,
Das mit Heu gestreuet ist.
Singet...

3. Schließ die Äugelein,
Deck dein Händelein,
Denn es braust ein scharfer Wind.
Schlaf mein Kindelein,
Dich das Eselein
Wird erwärmen mit dem Rind.
Singet...

4. Schlaf mein Ziere,
Mein Begiere,
Schweig, daß sich dein Leid nicht mehr!
Schlaf mein Sohne:
Von seim Throne
Schickt dein Vater Engel her.
Singet...

5. Schlaf mein Hoffnung
Und mein Tröstung,
Schlaf' o Freund des Herzens mein.
Schlaf mein Wonne,
Schlaf mein Krone,
Schlaf und schließ dein Äugelein!
Singet...

Aus Straßburg. 17. Jahrhundert.

Den geboren hat ein Magd

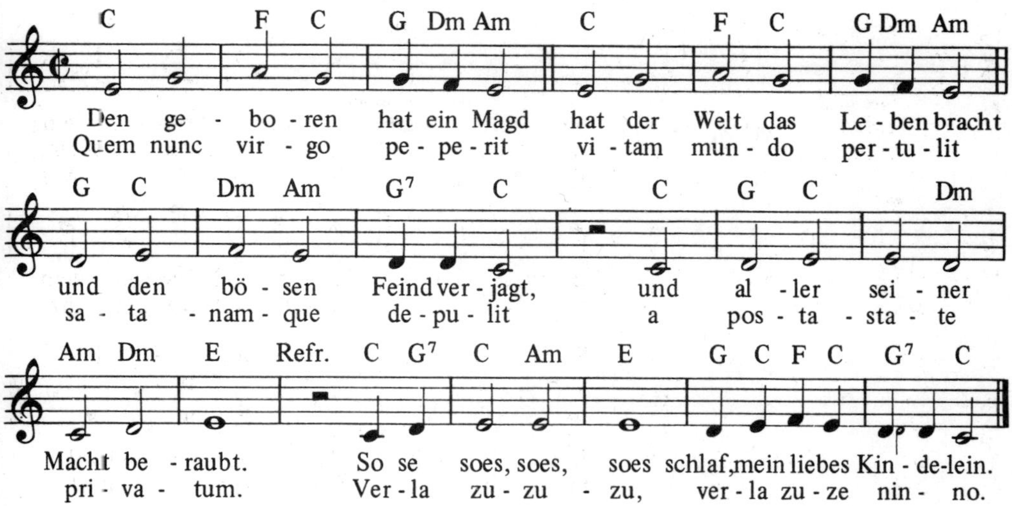

2. Wer gesündigt hat sein Tag
Und tut dessen schwere Klag,
Dem verzeiht das Kindelein,
Weil es gütig wie ein Lämmlein.

3. Ist geborn zu Bethlehem
Und getodt zu Jerusalem,
Hat gelitten Armut viel:
Zu sein demütig war sein Will.

4. O du liebes Kindelein
Wollst doch unsere Freude sein
Nun an und in Ewigkeit,
Denn du bist unser Herr allzeit.

Das Lied war mit dem aus dem Magdeburger Gesangbuch 1542 stammenden lateinischen Text ursprünglich für den Weihnachts Gottesdienst gedacht. Mit der deutschen Übersetzung aus dem Anfang des 17. Jahrhunderts wurde es eines der beliebtesten weihnachtlichen Wiegenlieder.

O Jesu, liebes Herrlein mein

2. O Jesu, Gottes Söhnelein
Und Marien Kindelein,
Laß dir mein Kind befohlen sein
Im Himmelreich.
Und in sei'm kleinen Wiegelein!
Eia! Eia!
Schlaf mein Herzekindelein,
Dein Christ bringt dir gut Äpfelein,
Baut dir ein schönes Häuselein
Im Himmelreich.
O du trautes Jesulein,
Gotts Lämmelein,
Erbarm dich mein
Und faß mich auf dein Rückelein
Und trag mich fein!

3. O Jesu, liebes Brüderlein,
Du wollst Emanuelchen sein
Und unser ewigs Priesterlein
Im Himmelreich
Und in der lieben Christenheit!
Eia! Eia!
Schweig, du trautes Kindelein,
Es beißt dich sonst das Eselein
Und stößt dich Josephs Öchselein
zu Bethlehem.
O du süßes Jesulein,
Erhalt uns rein
Im Glauben dein,
Bitt für uns arme Sünderlein
Den Vater dein!

4. Jesus, das zarte Kindelein,
Lag in ei'm harten Krippelein,
Gewindelt in die Tüchelein
Zu Bethlehem
Im finstern Stall beim Öchselein.
Eia! Eia!
Joseph kocht ein Müselein,
Maria streichts ihrm Söhnlein ein,
Das Kißlein wärmt ein Engelein
Und singet fein.
O du liebes Jesulein,
Die Unschuld dein
Laß unser sein
Und mach uns arme Leutelein
Heilig und rein!

Von Johannes Mathesius (1504-1565),
Luthers Tischgenosse in Wittenberg.
Mathesius schrieb zu diesem Lied:
„Ein Kinder - Joseph, nicht in der
Kirche sondern zu Hause zu singen,
die Christenkinder mit zu schweigen,
oder einzuwiegen."

Wenn die Kerzen auf dem Christbaum brennen

Stille Nacht, heilige Nacht

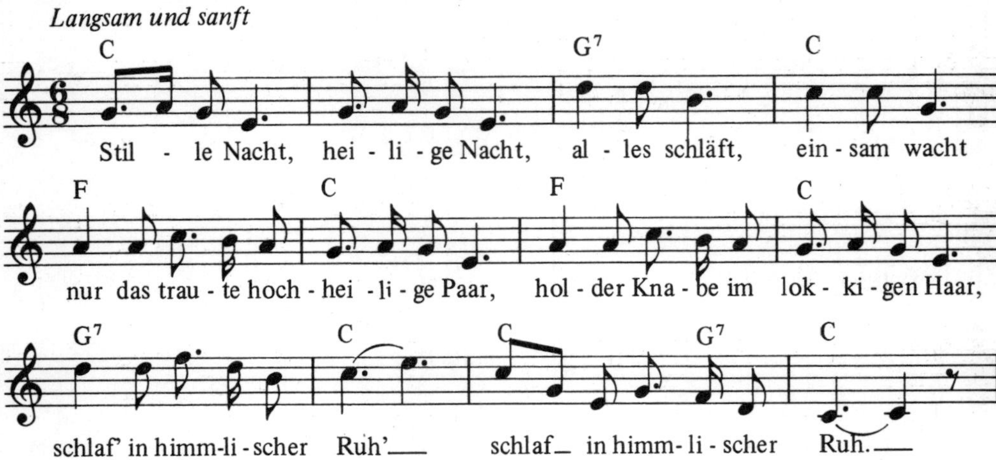

2. Stille Nacht, heilige Nacht,
Hirten erst kund gemacht!
Durch der Engel Halleluja
Tönt es laut von fern und nah:
Christ, der Retter ist da!
Christ, der Retter ist da!

3. Stille Nacht, heilige Nacht!
Gottes Sohn, o wie lacht
Lieb' aus deinem göttlichen Mund,
Da uns schlägt die rettende Stund,
Christ, in deiner Geburt!
Christ, in deiner Geburt!

Das berühmteste Weihnachtslied der Welt. Es entstand am 24. Dezember 1818 nahe von Salzburg: Der Hilfspriester und spätere Vikar Joseph Mohr (1792 - 1848) dichtete am Vormittag des Heiligen Abends in Oberndorf die Verse von der „Stillen Nacht" und zeigte den Text seinem Freund, dem im benachbarten Arnsdorf bei Laufen lebenden Lehrer Franz Gruber (1787 - 1863), der die Melodie komponierte. Das Lied wurde wenige Stunden später, während der Mitternachtsmette, mit den Mitgliedern einer bäuerlichen Sängergruppe in der Oberndorfer Kirche uraufgeführt, und zwar mit Gitarrenbegleitung, da die Orgel nicht funktionierte.

O du fröhliche

2. O du fröhliche, o du selige,
Gnadenbringende Weihnachtszeit!
Christ ist erschienen,
Uns zu versöhnen,
Freue, freue dich, o Christenheit!

3. O du fröhliche, o du selige,
Gnadenbringende Weihnachtszeit!
Himmlische Heere
Jauchzen dir Ehre:
Freue, freue dich, o Christenheit!

Es handelt sich hier ursprünglich um ein sizilianisches Fischerlied, dessen Melodie Johann Gottfried Herder 1788 von einer Italienreise nach Deutschland brachte. Mit dem Text des Weimarer Privatgelehrten Johannes Daniel Falk wurde es eines der beliebtesten deutschen Weihnachtslieder.

O Tannenbaum

2. O Tannenbaum, o Tannenbaum!
Du kannst mir sehr gefallen!
Wie oft hat nicht zur Weihnachtszeit
Ein Baum von dir mich hoch erfreut!
O Tannenbaum, o Tannenbaum,
Du kannst mir sehr gefallen!

3. O Tannenbaum, o Tannenbaum!
Dein Kleid will mich was lehren:
Die Hoffnung und Beständigkeit
Gibt Trost und Kraft zu jeder Zeit.
O Tannenbaum, o Tannenbaum!
Das soll dein Kleid mich lehren.

Eines der bekanntesten Weihnachtslieder der Welt, im Jahre 1824 von dem Leipziger Musiklehrer und Organist Ernst Anschütz zu einer alten Volksweise gedichtet.
Tannenbaum - Lieder gibt es mit wechselnden Texten und Melodien seit fast fünfhundert Jahren. Der erste Text findet sich auf einem fliegenden Blatt des Jahres 1550. Dort kommen in einer Reiterballade folgende Zeilen vor: „O Tanne, du bist ein edler Zweig. Du grünest Winter und die liebe Sommerzeit."
Diesen Text führte der Musiker Melchior Franck (1573 - 1639) leicht abgeändert mit der Melodie eines Tanzliedchens zusammen, das sich in „David Sammenhammers Lautenhandschrift von 1590" fand. So enstand das erste Tannenbaumlied, das Mechior Franck 1615 in seiner Liedersammlung veröffentlichte:

Alle Jahre wieder kommt das Christuskind

2. Kehrt mit seinem Segen
Ein in jedes Haus,
Geht auf allen Wegen
Mit uns ein und aus.

3. Ist auch mir zur Seite
Still und unerkannt,
Daß es treu mich leite
an der lieben Hand.

Aus dem Jahre 1837. Text: Wilhelm Hey, Gothaer Hofprediger.
Melodie: Ernst Anschütz

Am Weihnachtsbaum die Lichter brennen

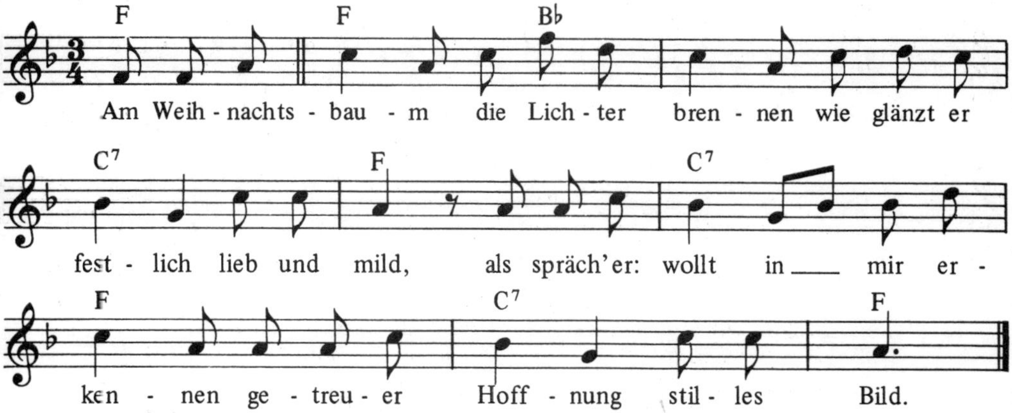

2. Die Kinder stehn mit hellen Blicken,
Das Auge lacht, es lacht das Herz;
O fröhlich - seliges Entzücken!
Die Alten schauen himmelwärts.

3. Zwei Engel sind hereingetreten,
Kein Auge hat sie kommen sehn;
Sie gehn zum Weihnachtstisch und beten
Und wenden wieder sich und gehn.

4. Kein Ohr hat ihren Spruch vernommen;
Unsichtbar jedes Menschen Blick
Sind sie gegangen wie gekommen;
Doch Gottes Segen blieb zurück!

Von Hermann Kletke, 1841, in Anlehnung an ein altes Volkslied.

Beschere, was uns nützlich ist

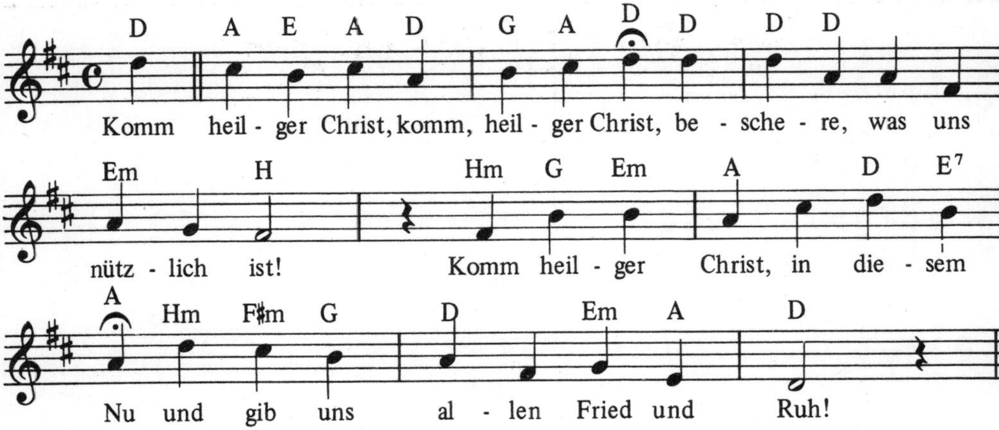

2. Du Einiger, gib Einigkeit
Und ungefärbte Christenheit.
Gib uns dein friedenfestes Wort
In Kirch und Schulen aller Ort.

3. Gib aller unsrer Obrigkeit
Gerechtigkeit zu jeder Zeit,
Daß sie dem Frommen stehe bei,
Dem Bösen aber widrig sei.

4. Verbinde so mit Friedes-Band,
Den Ehe-, Haus- und Nahrungs-Stand,
Daß Mann, Weib, Kinder, Magd und Knecht
Tun willig, was ist gut und recht.

5. Komm, Friedensfürst, komm in mein Haus
Und teile deine Gaben aus.
Mir also schreibe Frieden an,
Daß keiner ihn auslöschen kann.

6. Die Seele, so unsterblich ist
Und deren Schöpfer du selbst bist,
Laß immer ruhig sein in mir
Und Friede haben stets mit dir.

7. Mein Fleisch und Leib auch äußerlich
Den Friedens-Engel spür um sich,
In Frieden sterbe letztlich ab
Und ruhe wohl in seinem Grab.

8. Du Friedensfürst, dich schenke mir,
Ich mich hinwieder schenke dir.
Schrei du mir zu: ich bin ja dein,
Drum sollst du auch mein eigen sein.

9. Ich habe, wenn ich habe dich,
Was ewig kann erfreuen mich.
In dir besteht die Seligkeit,
Des freuet sich die Christenheit.

Dieser Text von Karl Friedrich Fleck aus der Mitte des 17. Jahrhunderts, wurde früher am heiligen Abend gesungen. Heute ist es so gut wie vergessen.

Wenn die Weihnachtsglocken in die Kirche rufen

Süßer die Glocken nie klingen

2. Oh, wenn die Glocken erklingen,
Schnell sie das Christkindlein hört,
Tut sich vom Himmel dann schwingen,
Eilet hernieder zur Erd.
Segnet den Vater, die Mutter, das Kind.
Segnet den Vater, die Mutter, das Kind.
Glocken mit heiligem Klang,
Klingt doch die Erde entlang!

3. Klinget mit lieblichem Schalle
Über die Meere noch weit,
Daß sich erfreuen doch alle
Seliger Weihnachtszeit.
Alle aufjauchzen mit herrlichem Sang.
Alle aufjauchzen mit herrlichem Sang.
Glocken mit heiligem Klang,
Klinget die Erde entlang!

Von F. W. Kritzinger (1816 - 1890) nach einer alten Volksweise.

Maria durch ein Dornwald ging

2. Was trug Maria unterm Herzen?
Kyrie eleison.
Ein kleines Kindlein ohne Schmerzen,
Das trug Maria unterm Herzen,
Jesus und Maria.

3. Da haben die Dornen Rosen getrag'n;
Kyrie eleison.
Als das Kindlein durch den Wald getragen,
Da haben die Dornen Rosen getrag'n.
Jesus und Maria.

Aus der Sammlung „Geistlicher Volkslieder" des Musikers August von Haxthausen, Paderborn 1850. Das Lied dürfte aber wesentlich älter sein.

Es ist ein Ros' entsprungen

2. Das Röslein, das ich meine,
Davon Jesaias sagt,
Ist Maria die reine,
Die uns das Blümlein bracht:
Aus Gottes ewigem Rat
Hat sie ein Kindlein gboren,
Bleibend ein reine Magd.

3. Wir bitten dich von Herzen,
Du edle Königin,
Durch deines Sohnes Schmerzen,
Wann wir fahren dahin
Aus diesem Jammertal:
Du wollest uns beleiten
Bis an der Engel Saal!

4. So sing'n wir Alle Amen,
Das heißt: Nun werd es wahr,
Das wir begehr'n allsammen:
O Jesu, hilf uns dar
In deines Vaters Reich!
Darin woll'n wir dich loben:
O Gott, und das verleih!

Eines der populärsten deutschen Weihnachtslieder. Es findet sich im Speierischen Gesangbuch, Cöln, 1599 und im Mainzer Cantual, 1605. Dort trägt es die Überschrift: „Das altcatholische Triersche Christkindlein." Eine interessante Texvariante fand Wilhelm Pailler Mitte vorigen Jahrhunderts im Salzkammergut. Ein unbekannter Volksdichter knüpfte dort nach der ersten und zweiten Strophe eine Ballade an, in der die Legende von Mariä Verkündigung erzählt wird:

3. Die G'schicht hat uns beschrieben
Sankt Lukas mit treuer Hand;
Wie Gabriel der Erzengel
Vom Himmel herabgesandt
Zu einer Jungfrau fein,
Die Gott hat auserwählet
Seine werte Mutter z'sein.

4. Der Engel unverdrossen
Macht sich zum irdischen Land
Gen Nazareth, –verschlossen
Er da die Jungfrau fand
In ihrem Kämmerlein;
Freundlich er sie anredet:
„Gegrüßt seist du, o Jungfrau rein!

5. Du bist voll der Gnaden,
Der Herr will bei Dir sein,
Hoch über alle Frauen
Bist du gesegnet allein!"
Die edle Jungfrau zart
Ob des Engels Grüßen
Von Herzen erschrocken war.

6. „Du sollst dich nicht entsetzen"
Sprach er– „o Jungfrau schön!
Mein Red soll dich ergetzen,
Ich komm von Himmels Höh'n
Bring fröhliche Botschaft Dir;
Du hast Gnad gefunden,
Bei Gott, –das glaub Du mir!'

7. „Ein Kindlein wirst Du tragen
In Deinem keuschen Leib,
Darum die Schrift tuet sagen:
O edel und selig's Weib!"
Sein Nam ist Jesus Christ;
Der Herr Gott wird ihm geben
David's sein's Vater'n Sitz."

8. Maria die Jungfrau reine
Fragt züchtig mit Verstand:
„Wie soll doch das geschehen?
Kein Mann ich nie erkannt."
Der Engel sprach zu ihr:
„Dich Wunder wird verschaffen
Der heilig Geist in Dir.

9. Es wird dich überschatten
Des Allerhöchsten Kraft
Und unverletzt erhalten
Dein reine Jungfrauschaft.
Denn eben dies Kindlein schon,
Das von Dir wird geboren,
Ist der ewig Gottes Sohn.

10. Laß Dichs nit Wunder haben
Das alt' unfruchtbar Weib,
Elisabeth Dein Base,
Geht auch mit schwangerm Leib.
Gott all Ding möglich ist,
Sie wird ein Sohn gebären
Nach dreier Monat Frist."

11. Maria mit Freud und Wonne
Die edle Jungfrau zart,
Da sie nun hat vernommen
Vom Engel Gottes Rat,
Sprach willig und wolbedacht:
„Ich bin des Herren Maget,
Mir g'scheh, wie du gesagt."

12. Aus heiligen Geistes Kräften,
Maria bald empfieng
Gott Sohn, den Himmelsfürsten;
Schau, Wunder und neue Ding;
Neun Monat er bei ihr war;
Sie war ein Mutter Gottes,
Blieb Jungfrau rein, wie vor.

13. Darnach in kurzen Weilen
Mach' sie sich auf die Fahrt,
Geschwind mit schneller Eilen
Zu ihrer Basen zart
In Zacharias Haus;
Die wollte sie begrüßen
Und warten ihrer aus.

14. Elisabeth, die Alte,
Schrie laut mit heller Stimm:
„Gesegnet über alle
Bist du, o Jungfräulein
Und Deines Leibes Frucht.
Woher meins Herren Mutter,
Daß sie mich heimgesucht?"

15. Da denn die keusche Maget
Drei Monat gewes'n bei ihr,
Ging sie wieder unverzaget
Mit großer Freud von ihr.
Gen Nazareth gar still;
Sie wollt der Zeiten warten,
Bis daß g'scheh Gottes Will.

16. Wir bitten Dich von Herzen,
Maria rosenzart!
Durch deines Kindleins Schmerzen,
Die es empfunden hat,
Willst uns verhülflich sein,
Daß wir ihm mögen machen
Ein Wohnung zart und fein.

Macht hoch die Tür

2. Er ist gerecht, ein Helfer wert,
Sanftmütigkeit ist sein Gefährt,
Sein' Königskron' ist Heiligkeit,
Sein Zepter ist Barmherzigkeit;
All unser Not zum End' er bringt,
Derhalben jauchzt, mit Freuden singt:
Gelobet sei mein Gott, mein Heiland groß von Tat!

3. O wohl dem Land, o wohl der Stadt,
So diesen König bei sich hat!
Wohl allen Herzen insgemein,
Da dieser König ziehet ein!
Er ist die rechte Freudensonn',
Bringt mit sich lauter Freud und Wonn'.
Gelobet sei mein Gott, mein Tröster früh und spat!

4. Macht hoch die Tür, die Tor' macht weit,
Euer Herz zum Tempel zubereit'.
Die Zweiglein der Gottseligkeit
Steckt auf mit Andacht, Lust und Freud;
So kommt der König auch zu euch,
Ja Heil und Leben mit zugleich.
Gelobet sei mein Gott, voll Rat, voll Tat, voll Gnad!

5. Komm, o mein Heiland, Jesu Christ,
Mein's Herzens Tür dir offen ist;
Ach zieh mit deiner Gnaden ein,
Dein' Freundlichkeit auch uns erschein'.
Dein heil'ger Geist uns führ' und leit'
Den Weg zur ew'gen Seligkeit.
Dem Namen dein, o Herr, sei ewig Preis und Ehr!

Aus: J. A. Freylinghausen „Geistliches Gesangbuch, Halle 1704, Text von Georg Weissel (1590 - 1635).

Der Heiland ist geboren

2. Ein Kindlein auserkoren
Freu dich, du Christenheit!
Sonst wär'n wir alle verloren
In alle Ewigkeit!

3. Der Stall ist allen offen,
Freu dich, du Christenheit!
Wer will, der kann jetzt hoffen,
Gnad und Barmherzigkeit!

4. Der Gnadenbrunn' tut fließen,
Freu dich, du Christenheit!
Tut all das Kindlein grüßen!
Kommt her zu ihm mit Freud!

Aus Oberösterreich.

Freut euch, ihr lieben Christen

2. Also tun sie nun singen:
„Das Kindlein ist euch hold,
Es ist des Vaters Wille,
Der hats also gewollt;
Es ist euch dargegeben,
Dadurch ihr solltet han
Des Vaters Gunst und Segen,
Sein Gnad ist aufgetan.

3. Nicht lasset euch nun schrecken
Sein klein gering Gestalt;
Was tut es drunter decken?
Sein mächtig groß Gewalt:
Es liegt wohl in der Krippen
In Elend, Jammer groß,
Doch Herr ists aller Dinge,
Sein Macht hat keine Maß'.

4. Tod, Teufel und die Hölle,
Die han den Sieg verlorn,
Das Kindlein tut sie fällen,
Nicht viel gilt jetzt ihr Zorn;
Ihr Macht, die ist getränket,
Da ist kein Zweifel dran,
Das Kindlein tut sie fällen,
Das sei euch kund getan."

Text aus einer Handschrift in Magdeburg, 1540, vertont von L. Schröter, 1587.

In dulci jubilo

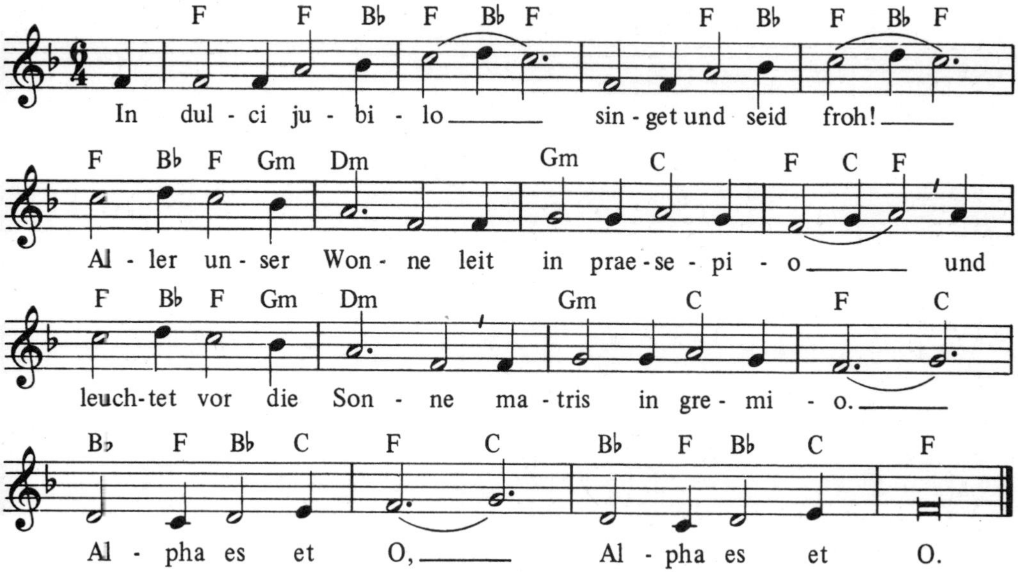

2. O Jesu parvule,
Nach dir ist mir so weh!
Tröst mir mein Gemüte,
O puer optime,
Durch aller Jungfrauen Güte,
Princeps gloriae!
Trahe me post te!

3. Ubi sunt gaudia?
Nindert mehr denn da,
Do die Vöglin singen
Nova cantica
Und die Schellchen klingen
In regis curia.
Eya qualia!

4. Mater et filia
Ist Jungfrau Maria:
Wir waren gar verdorben
Per nostra crimina,
Nun hat sie uns erworben
Celorum gaudia:
O quanta gracia!

Eines der ältesten und am meisten gesungenen Weihnachtslieder. Schon der Mystiker Heinrich Seume (1295 - 1366), Dominikaner und Schüler Meister Eckarts, erwähnte es in seiner Lebensbeschreibung, der ältesten Autobiographie deutscher Sprache.

Groß und hehr ist Gottes Nam' Emanuel

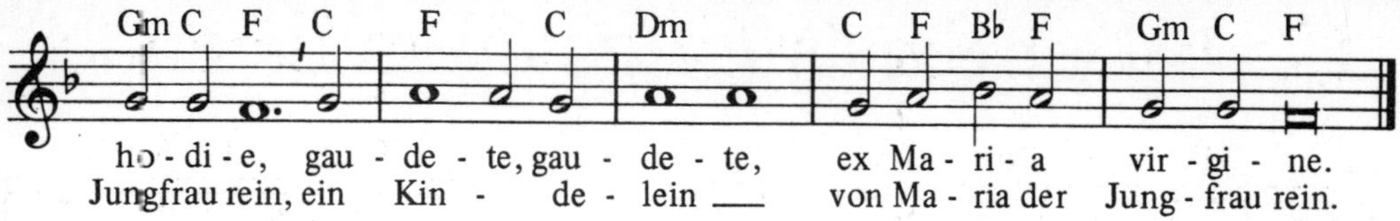

Seit dem Ende des 14. Jahrhunderts eines der beliebtesten weihnachtlichen Kirchenlieder. Es ist in fast allen früheren Liederbüchern zu finden.

Freu dich Erd und Sternenzelt

Aus dem Diözesan - Gesangbuch (1844) von Leitmeritz (Nord - Böhmen).

Den die Hirten lobten sehre

2. Preis sei Gott im höchsten Throne
Und auch seinem lieben Sohne,
Der ist uns ein Mensch geboren:
Sonst wärn wir alle verloren.

3. Ein Kindlein ist uns heut gegeben,
Das erhält uns bei dem Leben,
Welchs ist klärer denn die Sonne,
Aller Engel Freud und Wonne.

4. Der König Himmels und der Erden,
Da er uns auch gleich sollt werden,
Ward geborn ein armes Kindlein
Und nahm auf sich die Sünde mein.

5. Diesen König hoch dort oben
Wollen wir von Herzen loben
Und ihn bitten allzugleich,
Daß uns zukomm sein Himmelreich.

Halblateinisches Weihnachtslied, seit dem 16. Jahrhundert mit variantenreichen Übersetzungen in vielen Kirchenbüchern. Es wurde meist von vier Sängern dargeboten.

Sünd und Hölle mag sich grämen

1. Kommt und laßt uns Christum ehren,
Herz und Sinnen zu ihm kehren;
Singet fröhlich, laßt euch hören,
Wertes Volk der Christenheit!

2. Sünd und Hölle mag sich grämen,
Tod und Teufel mag sich schämen;
Wir, die unser Heil annehmen,
Werfen allen Kummer hin.

3. Sehet, was hat Gott gegeben?
Seinen Sohn zum ewgen Leben.
Dieser kann und will uns haben
Aus dem Leid ins Himmels Freud.

4. Seine Seel ist uns gewogen;
Lieb und Gunst hat ihn gezogen,
Uns, die Satanas betrogen,
Zu besuchen aus der Höh.

5. Jakobs Stern ist aufgegangen,
Stillt das sehnliche Verlangen,
Bricht den Kopf der alten Schlangen
Und zerstört der Höllen Reich.

6. Unser Kerker, da wir saßen
Und mit Sorgen ohne Maßen
Uns das Herze selbst abfraßen,
Ist entzwei, und wir sind frei.

7. O du hoch gesegnte Stunde,
Da wir das von Herzensgrunde
Gläuben und mit unsrem Munde
Danken dir, o Jesulein!

8. Schönstes Kindlein in dem Stalle,
Sei uns freundlich, bring uns alle
Dahin, da mit süßem Schalle
Dich der Engel Heer erhöht!

Von Paul Gerhardt, (1607 - 1676). Sein Text wird zur nebenstehenden Melodie „Den die Hirten lobten sehre" gesungen.

Du machst Höll und Tod zu Spott

2. Du bist arm und machst zugleich
Uns an Leib und Seele reich.
Du wirst klein, du großer Gott,
Und machst Höll und Tod zu Spott.
Aller Welt wird offenbar,
Ja auch deiner Feinde Schar,
Daß du Gott bist wunderbar.

3. Laß mir deine Güt und Treu
Täglich werden immer neu;
Gott, mein Gott, verlaß micht nicht
Wenn mich Not und Tod anficht!
Laß mich deine Herrlichkeit,
Deine Wundergütigkeit,
Schauen in der Ewigkeit!

Text von Johann Olearius (1611 - 1684).

Ei machet Bahn, der Held kömmt an

2. Ich bin nicht wert, daß du mich liebst,
O großer Himmelsfürst,
Und solche Macht und Ehre gibst,
|: Ja künftig geben wirst. :|

3. Ach komm herein, du tapfrer Held,
In meines Herzens Schrein!
Du Heiland dieser ganzen Welt,
|: Du willst mein Bruder sein. :|

4. Sei mir willkommen tausendmal,
Mein Freund und werter Gast,
In diesem armen Tränental:
|: Du bringst mir Freud und Rast. :|

5. Gerechter König, gib mir doch
Gerechtigkeit und Mut!
Nimm weg von mir der Sünden Joch
|: Und Satans schwere Rut! :|

6. Laß Gnade nur für Recht itzt gehn,
Gib Friede für den Krieg:
So kann ich dann vor Gott bestehn
|: Und haben guten Sieg. :|

7. Mit Demut schmücke du mich fein
Und gib mir deinen Sinn!
O allerliebstes Jesulein.
|: Nimm meine Bosheit hin! :|

8. Ei machet Bahn, der Held kömmt an,
Ei macht die Tore weit!
Es singe, was da singen kann:
|: Jetzt ist es Singens Zeit. :|

Von Gottfried Wegener (1644 - 1709).

Dies ist der Tag, den Gott gemacht

2. Die Völker haben dein geharrt,
Bis daß die Zeit erfüllet ward;
Da sandte Gott von seinem Thron
Das Heil der Welt, dich, seinen Sohn.

3. Wenn ich dies Wunder fassen will,
So steht mein Geist vor Ehrfurcht still,
Er betet an und er ermißt,
Daß Gottes Lieb unendlich ist.

4. Damit der Sünder Gnad erhält,
Erniedrigst du dich, Herr der Welt,
Nimmst selbst an unsrer Menschheit teil,
Erscheinst im Fleisch und wirst uns Heil.

5. Dein König, Zion, kommt zu dir:
„Ich komm, im Buche steht von mir;
Gott, deinen Willen tu ich gern."
Gelobt sei, der da kommt im Herrn.

6. Herr, der du Mensch geboren bist,
Immanuel und Friedefürst,
Auf den die Väter hoffend sahn,
Dich, Gott Messias, bet ich an.

7. Du, unser Heil und höchstes Gut,
Vereinest dich mit Fleisch und Blut,
Wirst unser Freund und Bruder hier,
Und Gottes Kinder werden wir.

8. Gedanke voller Majestät,
Du bist es, der das Herz erhöht!
Gedanke voller Seligkeit,
Du bist es, der das Herz erfreut!

9. Durch Eines Sünde fiel die Welt;
Ein Mittler ists, der sie erhält.
Was zagt der Mensch, wenn der ihn schützt,
Der in des Vaters Schoße sitzt?

10. Jauchzt, Himmel, die ihr ihn erfuhrt,
Den Tag der heiligsten Geburt,
Und Erde, die ihn heute sieht,
Sing ihm, dem Herrn, ein neues Lied!

11. Dies ist der Tag, den Gott gemacht;
Sein werd in aller Welt gedacht!
Ihn preise, was durch Jesum Christ
Im Himmel und auf Erden ist!

Text von Christian Fürchtegott Gellert,
(1715 - 1769), vertont im Jahre 1819 von
J. G. Schicht.

Christum wir wollen loben schön

2. Der selig Schöpfer aller Ding'
Zog an eins Knechtes Leib gering,
Daß er das Fleisch durch Fleisch erwürb
Und sein Geschöpf nicht alls verdürb.

3. Die göttlich Gnad vom Himmel groß
Sich in die keusche Mutter goß,
Ein Meidlin trug ein heimlich Pfand,
Das der Natur war unbekannt.

4. Das züchtig Haus des Herzens zart
Gar bald ein Tempel Gottes ward,
Die kein Mann rühret' noch erkannt,'
Von Gotts Wort man sie schwanger fand.

5. Die edle Mutter hat geborn,
Den Gabriel verhieß zuvorn,
Den Sankt Johans mit Springen zeigt,'
Da er noch lag in Mutter Leib.

6. Er lag im Heu mit Armut groß,
Die Krippen hart ihn nicht verdroß,
Es ward ein kleine Milch sein Speis,
Der nie kein Vöglein hungern ließ.

7. Des Himmels Chör' sich freuen drob,
Und die Engel singen Gott Lob,
Den armen Hirten wird vermeldt
Der Hirt und Schöpfer aller Welt.

8. Lob, Ehr und Dank sei dir gesagt,
Christe, geborn von reiner Magd,
Mit Vater und dem heilgen Geist,
Von nun an bis in Ewigkeit.

Von Martin Luther, 1524.

Morgenstern der finstren Nacht

2. Schau, dein Himmel ist in mir,
Er begehrt dich, seine Zier;
Säum dich nicht,
O mein Licht,
Komm, komm, eh der Tag anbricht!

3. Deines Glanzes Herrlichkeit
Übertrifft die Sonne weit;
Du allein,
Jesulein,
Bist, was tausend Sonnen sein.

4. Du erleuchtest alles gar,
Was itzt ist und kommt und war;
Voller Pracht
Wird die Nacht,
Weil dein Glanz sie angelacht.

5. Deinem freudenreichen Strahl
Wird gedienet überall:
Schönster Stern,
Weit und fern
Ehrt man dich wie Gott den Herrn.

6. Ei nun, güldnes Seelenlicht,
Komm herein und säum dich nicht;
Komm herein,
Jesulein,
Leucht in meines Herzens Schrein!

Von Angelus Silesius (1624 - 1677), Sohn eines lutherischen Arztes, trat 1653 zum katholischen Glauben über und wurde 1661 Priester. Das Lied stammt aus dem Jahre 1657.

Wie schön leuchtet der Morgenstern

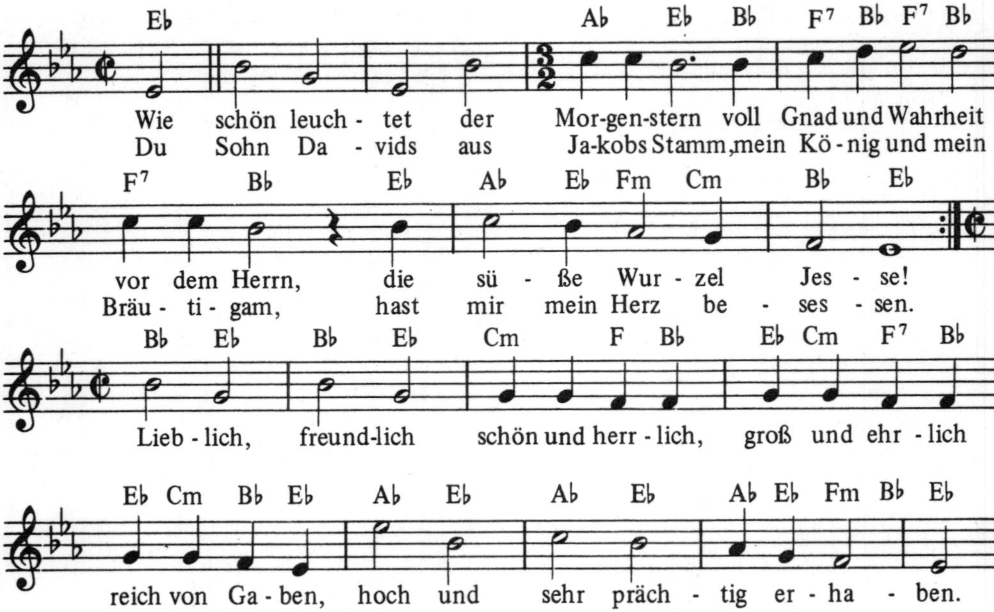

2. Ei, meine Perl', du werte Kron,'
Wahr Gottes und Marien Sohn,
Ein hochgeborner König:
Mein Herz heißt dich ein lilium,
Dein süßes Evangelium
Ist lauter Milch und Honig:
Ei mein Blümlein,
Hosianna, himmlisch Manna,
Das wir essen,
Deiner kann ich nicht vergessen.

3. Geuß sehr tief in mein Herz hinein,
Du heller Jaspis und Rubin,
Die Flamme deiner Liebe,
Und erfreu mich, daß ich doch bleib
An deinem auserwählten Leib
Ein' lebendige Rippe!
Nach dir ist mir,
Gratiosa coeli rosa,
Rank und glimmet
Mein Herz, durch Liebe verwundet.

4. Von Gott kommt mir ein Freudenschein,
Wenn du mit deinen Engelein
Mich freundlich tust anblicken:
O HERR Jesu, mein trautes Gut,
Dein Wort, dein Geist, dein Leib und Blut
Mich innerlich erquicken.
Nimm mich freundlich
In dein' Arme, daß ich warme
Werd von Gnaden:
Auf dein Wort komm ich, geladen.

5. HERR Gott Vater, mein starker Held,
Du hast mich ewig, für der Welt,
In deinem Sohn geliebet;
Dein Sohn hat mich ihm selbst vertraut,
Er ist mein Schatz, ich bin sein' Braut,
Sehr hoch in ihm erfreuet.
Eia, eia!
Himmlisch Leben wird er geben
Mir dort oben:
Ewig soll mein Herz ihn loben.

6. Zwingt die Saiten in Cythara
Und laßt die süße Musica
Ganz freudenreich erschallen,
Das ich möge mit Jesulein,
Dem wunderschönen Bräutgam mein,
In steter Liebe wallen.
Singet, springet,
Jubilieret, triumphieret,
Dankt dem HERREN:
Groß ist der König der Ehren.

7. Wie bin ich doch so herzlich froh,
Daß mein Schatz ist das A und O,
Der Anfang und das Ende:
Er wird mich doch zu seinem Preis
Aufnehmen in das Paradeis,
Deß klopf ich in die Hände.
Amen, amen!
Komm, du schöne Freudenkrone,
Bleib nicht lange!
Deiner wart ich mit Verlangen.

Von Philipp Nicolai (1556 - 1608), Hauptpastor im Hamburg. Das Lied ist ein sogenanntes Akrostichon, das eine geheime Botschaft enthält: In diesem Fall den Hinweis darauf, daß Philipp Nicolai das Lied seinem Schüler Wilhelm Ernst Graf und Herr zu Waldeck widmet. Die ersten Buchstaben der jeweils ersten Strophenzeilen ergeben nämlich die Initialen: W.E.G.V.H.Z.W.

Gelobet seist du, Jesu Christ

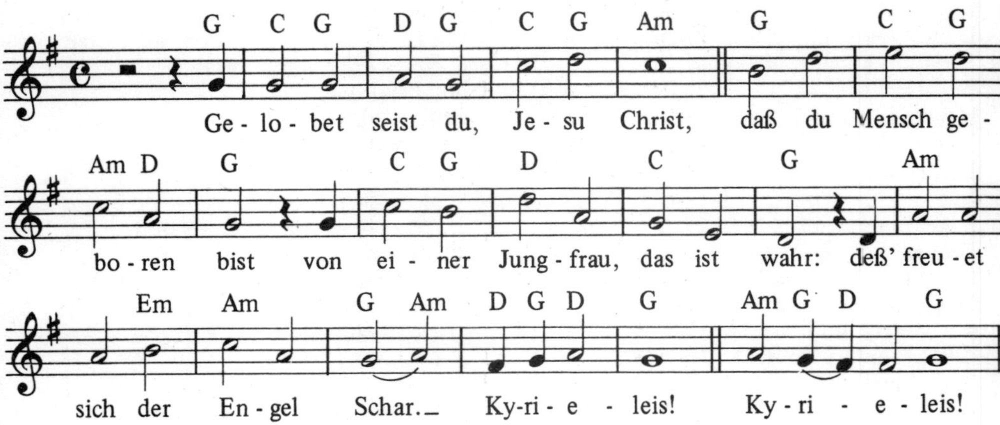

2. Des ewgen Vaters einig Kind
Jetzt man in der Krippen findt,
In unser armes Fleisch und Blut
Verkleidet sich das ewig Gut.
Kyrieleis!

3. Den aller Welt Kreis nie beschloß,
Der liegt in Marien Schoß;
Er ist ein Kindlein worden klein,
der alle Ding' erhält allein.
Kyrieleis!

4. Das ewig Licht geht da herein,
Gibt der Welt ein'n neuen Schein,
Es leucht't wohl mitten in der Nacht
Und uns des Lichtes Kinder macht.
Kyrieleis!

5. Der Sohn des Vaters, Gott von Art,
Ein Gast in der Welt er ward
Und führt uns aus dem Jammertal,
Er macht uns Erben in sei'm Saal.
Kyrieleis!

6. Er ist auf Erden kommen arm,
Daß er unser sich erbarm,
Uns in dem Himmel mache reich
Und seinen lieben Engeln gleich.
Kyrieleis!

7. Das hat er alles uns getan,
Sein' groß' Lieb' zu zeigen an.
Des freu' sich alle Christenheit
Und dank' ihm des in Ewigkeit.
Kyrieleis!

Zu diesem aus der Mitte des 14. Jahrhunderts stammenden, ein - strophigen Lied dichtete Martin Luther im Jahre 1524 die Strophen 2 - 7 hinzu.

Geborn ist uns ein Kindelein

2. Wir woll'n Gott lob'n in Ewigkeit,
Darzu das Kindlein kleine
Und Maria die Mutter sein,
Die Jungfrau rein,
Woll uns ihr Gnad mitteilen.

3. Freu dich Maria in Ewigkeit,
Darum du hast empfangen
Den Spiegel der Dreifaltigkeit:
Dein Lob ist breit,
Zu dir hab'n wir Verlangen.

4. Das Kindlein ist der Gnaden voll,
Es gibt uns gute Lehre.
Sein Lob Niemand aussprechen kann,
Ist sonder Wahn,
Wir danken ihm seiner Lehre.

5. Er hat gelitten den bittern Tod
Für unser Sünden alle
Und gibt den Sündern guten Trost,
Hat uns erlost
Von dem ewigen Falle.

6. O Herr, halt uns in deiner Hut,
Daß wir nit mögen sterben
In unser Sünd und Missetat;
O ewiger Gott,
Dein Gnad hilf uns erwerben.

7. Wir bitten vor unserm letzten End,
Wann wir von hinnen scheiden,
Dein Leichnam aus des Priesters Hand
Werd uns gesandt:
Maria mög uns geleiten.

Aus dem Mainzer Cantual mit dem Hinweis:
„Ein alt katholisch Christgesang, vorzeiten
in Thüringen gebräuchlich".

Mit diesem neuen Jahre...

2. Maria, der Jungfraun Krone,
Ging schwanger mit Gottes Sohne.
Geboren hat sie die Sonne:
Jesus gebenedeit.

3. Die Engel sungen schone:
„Gloria in dem Throne"
Zu Lob und Ehr Gottes Sohne.
Jesus gebenedeit.

4. Also hat Jesus begunnen
Zu suchen zu allen Stunden
Sein Schäflein, die ihm entrunnen.
Jesus gebenedeit.

Dieses dem Deutsch unserer Zeit angeglichene Lied stammt mit folgendem Text aus einer Trierschen Handschrift des Jahres 1482: "Mit diesem newen jaire, so wirt uns offenbaire, we dat ein meghet fruchtbaure de werelt hait verblijt. Gelovet mois fijn dat Kindelijn, geeret fijn das meghdlijn nu ind ewelich in alre zijt." Der oben zitierte Text ist dem Würzburger Gesangbuch, 1628, entnommen.

Verzeichnis der Liedanfänge